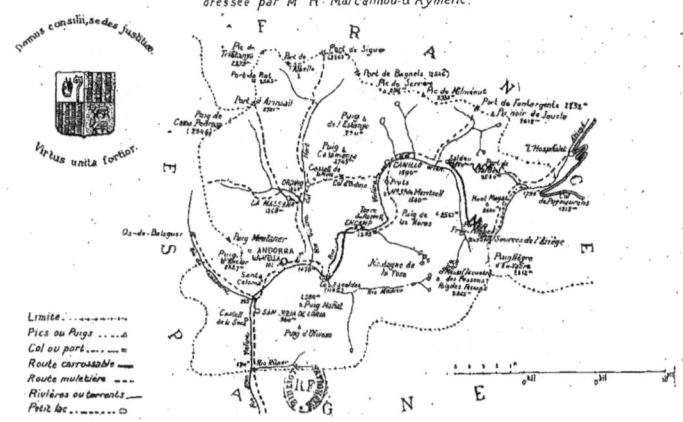

CARTE HYDROGRAPHIQUE ET ROUTIÈRE DE L'ANDORRE
dressée par M' H^{te} Marcailhou-d'Aymeric.

EXPLORATIONS PYRÉNÉENNES

INTRODUCTION

*Nous sommes heureux de reproduire dans l'*Annuaire de l'Ariège *pour 1907 en les accompagnant de vues photographiques et en rectifiant quelques erreurs d'altitudes, de noms botaniques, etc. deux travaux que nous avons déjà publiés : 1°, en 1889, dans la* Revue des Pyrénées et de la France méridionale *; 2°, en 1898, dans le* Bulletin de la Société Ramond. *Ces travaux concernent principalement la flore du val d'Andorre bien peu connu sous ce rapport jusqu'à ce jour. Nous leur donnerons, comme appendice, la bibliographie des ouvrages manuscrits et imprimés publiés sur l'Andorre, bibliographie ayant déjà partiellement paru dans l'*Ax-Thermal *du 18 août 1906 et que nous avons largement complétée.*

H[te] MARCAILHOU-D'AYMÉRIC

PHARMACIEN DE 1re CLASSE A AX-LES-THERMES,
MEMBRE ET LAURÉAT DE PLUSIEURS SOCIÉTÉS SAVANTES

I

Excursion botanique en Andorre.

Qui ne connaît de nom le Val d'Andorre ! Cette minuscule Seigneurie aux coutumes féodales, ce pauvre microscome pyrénéen, enclavé entre la France et l'Espagne, et placé sur les confins des départements de l'Ariège et des Pyrénées-Orientales !

D'autres, et des plus érudits, ont loué ses mœurs patriarcales, ses goûts pastoraux, la simplicité primordiale de ses habitants et leur énergique résistance à toute invasion des civilisations modernes. La main puissante du Créateur s'est plu à relever les roches de cette contrée pour y former d'admirables défilés qui sont sa force et sa sauvegarde, et à

EXPLORATIONS PYRÉNÉENNES

I

Excursion botanique en Andorre

II

Contribution à la Flore de l'Andorre

Ascensions au Puig de Coma-Pedrosa (2,946 m.) et au Puig dels Pessons (2,865 m.)

PAR

H^{le} MARCAILHOU-D'AYMÉRIC

Pharmacien de 1re classe.
Lauréat (2 médailles d'argent et ex-préparateur de Chimie
et de Pharmacie à l'École de Médecine et de Pharmacie de Rennes (Ille-et-Vilaine),
Lauréat (1er prix, médaille d'or) de l'Ecole supérieure
de Pharmacie de Montpellier,
Ancien Président de la Société de Pharmacie du Sud-Ouest,
Membre et lauréat de l'Académie internationale de Géographie botanique
(médaille scientifique, 1er janvier 1894.)
Membre correspondant de la Société Ramond,
Auteur : de la *Monographie de la ville d'Ax* (1er prix, médaille de vermeil,
concours de 1887 de la Société archéologique du Midi),
du *Catalogue raisonné de la flore du bassin de la haute Ariège* (1er prix,
médaille de vermeil, concours de 1903 de la
Société ariégeoise des Sciences, Lettres et Arts),
du *Nouveau Guide illustré d'Ax-les-Thermes et de ses environs*,
Collaborateur de l'*Annuaire de l'Ariège*,
Etc.

Extrait de l'*Annuaire de l'Ariège*, année 1907, pages 489-537.

FOIX
TYPOGRAPHIE VEUVE POMIES
1907

EXPLORATIONS PYRÉNÉENNES

I

Excursion botanique en Andorre

II

Contribution à la Flore de l'Andorre

Ascensions au Puig de Coma-Pedrosa (2,946 m.)
et au Puig dels Pessons (2,865 m.)

PAR

M[le] MARCAILHOU-D'AYMÉRIC

Pharmacien de 1re classe.
Lauréat (2 médailles d'argent) et ex-préparateur de Chimie
et de Pharmacie à l'École de Médecine et de Pharmacie de Rennes (Ille-et-Vilaine),
Lauréat (1er prix, médaille d'or) de l'Ecole supérieure
de Pharmacie de Montpellier,
Ancien Président de la Société de Pharmacie du Sud-Ouest,
Membre et lauréat de l'Académie internationale de Géographie botanique
(médaille scientifique, 1er janvier 1894,)
Membre correspondant de la Société Ramond,
Auteur : de la *Monographie de la ville d'Ax* (1er prix, médaille de vermeil,
concours de 1887 de la Société archéologique du Midi),
du *Catalogue raisonné de la flore du bassin de la haute Ariège* (1er prix,
médaille de vermeil, concours de 1903 de la
Société ariégeoise des Sciences, Lettres et Arts),
du *Nouveau Guide illustré d'Ax-les-Thermes et de ses environs*,
Collaborateur de l'*Annuaire de l'Ariège*,
Etc.

Extrait de l'*Annuaire de l'Ariège*, année 1907, pages 489-537.

FOIX
TYPOGRAPHIE VEUVE POMIES
1907

EXPLORATIONS PYRÉNÉENNES

I

Excursion botanique en Andorre

II

Contribution à la Flore de l'Andorre

Ascensions au Puig de Coma-Pedrosa (2,946 m.)
et au Puig dels Pessons (2,865 m.)

PAR

H^{te} MARCAILHOU-D'AYMÉRIC

Pharmacien de 1re classe.
Lauréat (2 médailles d'argent) et ex-préparateur de Chimie
et de Pharmacie à l'École de Médecine et de Pharmacie de Rennes (Ille-et-Vilaine),
Lauréat (1er prix, médaille d'or) de l'Ecole supérieure
de Pharmacie de Montpellier,
Ancien Président de la Société de Pharmacie du Sud-Ouest,
Membre et lauréat de l'Académie internationale de Géographie botanique
(médaille scientifique, 1er janvier 1894,)
Membre correspondant de la Société Ramond,
Auteur : de la *Monographie de la ville d'Ax* (1er prix, médaille de vermeil,
concours de 1887 de la Société archéologique du Midi),
du *Catalogue raisonné de la flore du bassin de la haute Ariège* (1er prix,
médaille de vermeil, concours de 1903 de la
Société ariégeoise des Sciences, Lettres et Arts),
du *Nouveau Guide illustré d'Ax-les-Thermes et de ses environs,*
Collaborateur de l'*Annuaire de l'Ariège,*
Etc.

Extrait de l'*Annuaire de l'Ariège*, année 1907, pages 489-537.

FOIX
TYPOGRAPHIE VEUVE POMIES
1907

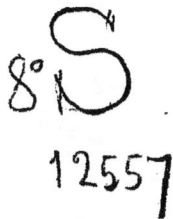

Cliché H. Delgay, Toulouse.

H^{ie} MARCAILHOU-D'AYMÉRIC

Né à Ax (Ariège), le 6 novembre 1855.
Pharmacien de 1re classe.
Lauréat (2 médailles d'argent et ex-préparateur de Chimie
et de Pharmacie à l'École de Médecine et de Pharmacie de Rennes (Ille-et-Vilaine),
Lauréat (1er prix, médaille d'or) de l'Ecole supérieure
de Pharmacie de Montpellier,
Ancien Président de la Société de Pharmacie du Sud-Ouest,
Membre et lauréat de l'Académie internationale de Géographie botanique
(médaille scientifique, 1er janvier 1894,)
Membre correspondant de la Société Ramond,
Auteur : de la *Monographie de la ville d'Ax* (1er prix, médaille de vermeil,
concours de 1887 de la Société archéologique du Midi),
du *Catalogue raisonné de la flore du bassin de la haute Ariège* (1er prix,
médaille de vermeil, concours de 1903 de la
Société ariégeoise des Sciences, Lettres et Arts),
du *Nouveau Guide illustré d'Ax-les-Thermes et de ses environs*,
Collaborateur de l'*Annuaire de l'Ariège*,
Etc.

jeter un riche manteau de verdure sur l'ossature de ces colosses pyrénéens, composés de granit et surtout de terrains de transition. A notre connaissance, aucune étude botanique n'a été publiée sur l'Andorre. Nous avons voulu combler partiellement cette lacune en donnant dans la *Revue des Pyrénées* le compte rendu d'une collecte florale en Andorre, au cours d'une exploration faite les 13 et 14 août 1888.

Deux aimables compagnons, M. l'archiprêtre de Mascara et notre frère, aumônier du Saint-Nom-de-Jésus, d'Ax, chevauchaient à côté de nous, pendant que nous allions pédestrement avec le guide Not, de l'Hospitalet.

Dix-huit kilomètres, par une belle route nationale, séparent *Ax* de l'*Hospitalet*; de ce village (1436 m. d'alt.), on atteint en vingt minutes le torrentelet de *Paloumera* qui sert de limite à la France (1620 m. d'alt.). Nous le passons à 3 h. 25 soir. Le sentier monte ensuite en lacets sur *la Soulane*, montagne fertile en gras pâturages. Par un contre-sens géographique et par suite d'une regrettable transaction, elle appartient à l'Andorre et occupe le versant méridional de ces monts-frontière dont le versant nord est français. Sur la rive droite de l'Ariège, à une assez grande hauteur, se dessine une ligne blanche qui serpente au milieu des pelouses ; on dirait un ruban argenté sur une immense draperie verte: c'est la belle route du col de Puymaurens qui conduit à Bourg-Madame.

Après une heure et demie de marche à partir de l'Hospitalet, le sentier de la Soulane se bifurque à la jonction du ruisseau de Saint-Joseph avec l'Ariège (1785 m. d'alt.). On laisse à droite le sentier du *port de Saldeu* ou *port dreit* (2580 m. d'alt.) pour suivre le long de l'Ariège, au bord d'escarpements dangereux et au milieu d'éboulis désormais schisteux, le chemin du port de Fray-Miquel ; le torrent coule, profondément encaissé sous nos pieds, en filets de plus en plus minces, jusqu'à l'étang de Font-Nègre où il prend naissance dans un cirque de roches à la fois grises et rougeâtres constituées par du granit éruptif.

Trois heures un quart d'ascension suffisent pour atteindre le *port de Fray-Miquel* ou *d'En-Valira* (2450 m. d'alt.). De ce col, on peut avoir une idée assez exacte de la configuration du pays Andorran: du sud à l'ouest, il s'étale tout entier sous nos regards ; les cimes dénudées se succèdent jusqu'à la rencontre de la grande chaîne des Pyrénées et l'œil distingue le contrefort des *puigs* d'Estanyo (2911 m.) et de Casamanya (2743 m.) qui s'avance en coin entre deux hautes murailles pour dessiner nettement les trois branches de l'Y

L'HOSPITALET (1.436 m.) ET LES LACETS DE LA ROUTE NATIONALE
sur les flancs du pic d'Esquifolaygo ; vue prise du vallon du Sisca.

configuratif des vallées andorranes. Elles sont arrosées par les deux Valiras, le Valira Oriental ou del Orien et le Valira del Nort ou riu d'Ordino, qui marient leurs eaux sous les murs d'Andorre-la-Vieille, capitale de la Seigneurie. Le premier torrent descend du massif des Pessons et arrose Saldeu, Canillo, Encamp, las Escaldas ; le second prend naissance sous le port de Siguer et apporte ses eaux à Ordino et aux prairies de la Massana.

Dès leur point de jonction (1075 m. d'alt.), ces deux rivières semblent se reposer quelques instants de leur fatigue dans la petite plaine d'Andorre, pour reprendre bientôt un cours agité jusqu'au rio Sègre, sous les murs de la Seo-de-Urgel (Espagne), en arrosant au passage San-Juliá-de-Loria, dernière paroisse de l'Andorre.

Ce microscome andorran qui apparaît ainsi a sa capitale située sous le 42°29' de latitude N. et sous le 0°48' de longitude O. du méridien de Paris ; son étendue n'est que de 29 kilomètres du levant au couchant et de 27 kilomètres du nord au sud ; sa population compte environ six mille âmes.

Au beau spectacle du soleil couchant, nous opérons notre descente dans la vallée du Valira Oriental. Le torrent mugit en face de nous, sur un lit rocailleux, au milieu des granits grisâtres parsemés çà et là de quelques pins à crochets (*Pinus uncinata*. Ram). La vallée s'infléchit ensuite, à gauche ; bientôt apparaissent les premières habitations, dites *les bordes de Saldeu* (2000 m. d'alt. moyenne) ; la nuit arrive. A la lueur du mince croissant de la lune, nous continuons notre course. A 1880 mètres se montrent à nous les premiers champs de seigle et, au chant des faneurs qui nous suivent, nous arrivons, après deux heures de marche rapide depuis le port de Fray-Miquel et cinq heures un quart de l'Hospitalet, à l'auberge de Saldeu, dite *hostal del Ostet*. Il était 8 h. 15 minutes ; nous avions parcouru environ 18 kilomètres à partir de l'Hospitalet.

Une longue et basse maison, percée de petites fenêtres, une vaste salle nue, servant à la fois de salon, d'office, de réfectoire et de promenoir, avec une sorte de veranda rustique à l'une de ses extrémités ; quelques cellules renfermant des lits au linge d'une propreté douteuse, aux oreillers noircis ; des bancs, quelques rares chaises, des planches alignées en table, et, au premier étage, un dortoir commun : telle est la noble hôtellerie de *Saldeu* (1860 m. d'altitude).

Une agréable surprise attendait l'un de nous. Comme nous goûtions déjà aux mets épicés et safranés de la cuisine andorrane, et buvions successivement, à l'aide d'un *pourro* (sorte de carafe en verre avec un tube effilé sur le côté), un vin au goût prononcé de la poix dont sont enduites les outres servant à le transporter, voici arriver d'Andorre-la-Vieille un voyageur accompagné de son jeune fils : mon frère reconnaît un ami d'enfance, Ernest Escande-Voltan, publiciste distingué, très dévoué aux Andorrans.

RÉCOLTE FLORALE DE L'HOSPITALET A SALDEU PAR LE PORT DE FRAY-MIQUEL (13 AOUT 1888).

1° De la cabane des douaniers, près du pont Cerda, à la jonction du ruisseau de Saint-Joseph avec l'Ariège (1510 m.-1785 m.) :

A 1520 mètres.
Carex panicea L.

A 1550 mètres.
Sisymbrium pyrenaicum Vill.

A 1610 mètres.
Iris xyphioidea Ehrh.
Polygonum alpinum All.
Anemone apiifolia Wulf. (A. sulphurea. L.)
Viola luteola Jord.
— cornuta L.

A 1660 mètres.
Armeria Mulleri Timbal *non* Huet-Pavill.

A 1680 mètres.
Aconitum pyrenaicum Lamk.
Veratrum album L.
Angelica Rasoulsii Gouan
Adenostyles albifrons Rchb.
Gentiana lutea L.

A 1720 mètres.
Ranunculus platanifolius L.
Trollius europœus L.
Sempervivum erubescens Jord. et Fourr.
Cirsium palustre Scop.
— eriophorum Scop.
Carex leporina L.
Imperatoria Ostruthium L.

2° De la jonction du ruisseau de Saint-Joseph et de l'Ariège, au port de Fray-Miquel (1785 m.-2450 m.) :

A 1925 mètres.
Saxifraga aizoidea L.
Polygonum viviparum L.
Plantago alpina L.
Trifolium alpinum L.
Alchimilla flabellata Buser
Helianthemum grandiflorum D C.
Potentilla rupestris L.
Phleum alpinum L.

A 2030 mètres.
Carduus carlinoideus Gouan

A 2190 mètres.
Cerastium arvense L. *var.* strictum Lecoq et Lamotte.
Saxifraga Aizoon Jq. *var.* pusilla Timb. et Jeanbt.
Satureia pyrenaica Jord. et Fourr.
Sedum villosum L.
— atratum L.
— annuum L.

Vaccinium uliginosum L.,
Paronychia polygonifolia D C.
Leucanthemum alpinum Lamk.
Euphrasia alpina Lamk.
Trifolium badium Schreb.
Linaria alpina Mill.

A 2220 mètres.
Linaria striata D C. *var* conferta. Benth.
Lychnis alpina L. (Viscaria alpina, Fr.).
Dianthus monspessulanus. L. *var.* Waldsteinii Sternb.
Arnica montana L.
Betonica recurva Jord. et Fourr.

A 2240 mètres.
Sedum acre L.
Veronica saxatilis Jq.
Veronica serpyllifolia. L. *var* tenella. G. G.
Calamintha alpina Lamk.

A 2250 mètres.

Senecio Doronicum L.
Bupleurum obtusatum Lap.

A 2270 mètres.

Carduus carlinoideus Gouan,

A 2290 mètres.

Alchimilla alpina L.
Taraxacum lævigatum D C.
Meum athamanticum Jq.
Angelica pyrenæa Spreng.

A 2385 mètres, près de la fontaine du port de Fray-Miquel :

Agrostis rupestris All.
Poa alpina L.
Astrocarpus sesamoideus Gay.
Veronica bellidioidea L.

A 2450 mètres dans les pelouses du port de Fray-Miquel :

Sibbaldia procumbens L.
Primula integrifolia L.
Phyteuma hemisphæricum L. *var* pygmæum Timb.
Silene ciliata Pourr.
Nardus stricta L.
Leucanthemum commutatum Martr. et Timb.
Alsine recurva Wahlenbg.
Arenaria grandiflora All.
Lotus corniculatus L. *var* alpinus Schleich.
Luzula lutea D C.
Armeria alpina Willd.
Gentiana pyrenaica L.
Phleum alpinum L.
Potentilla pyrenaica Ram.

3° Du port de Fray-Miquel au hameau de Saldeu (2450 m.- 1860 m.):

A 2380 mètres.
Umbilicus sedoideus D C.

A 2350 mètres.
Pinus uncinata Ram.

A 2290 mètres.
Aconitum Napellus L.

A 2240 mètres.
Allosurus crispus Bernh.

A 2010 mètres.
Carduus carlinoideus Gouan.

A 1940 mètres.
Epilobium spicatum Lamk.

DEUXIÈME JOUR.

L'aube du 14 août nous trouva debout. Nos baromètres orométriques étant réglés avant le départ à 1860 m. (alt. moyenne de Saldeu), nous prenons le sentier rocailleux et rapide qui nous conduit vers le *riu del Inclès*. Nous le traversons sur une mauvaise passerelle de bois (alt. 1770 m.), à environ 150 mètres en amont du confluent de ce ruisseau avec le fougueux Valira.

A droite, au fond de cette vallée latérale de l'Inclès, un col, celui de Dincla ou de Fontargente (2252 m.) permet de gagner la ville d'Ax en neuf heures. La sourcilleuse pyramide de *Juglans* ou pic noir de Jougla (2612 m.) en garde l'entrée ; le sévère, le grandiose encadrent ici le riant et le gracieux, ce qui forme le plus heureux contraste.

Du pueblo de Saldeu à la passerelle d'Inclès, nous relevons les espèces suivantes :

Hyoscyamus niger L.
Aconitum Napellus L.
— pyrenaicum Lamk.
Veratrum album L.
Daphne Mezereum L.
Pinus uncinata Ram.
Alchemilla alpina L.
Rhododendrum ferrugineum L.
Brunella grandiflora Mœnch var. pyrenaica G. G.

Campanula linifolia Lamk.
Valeriana officinalis L.
Galium verum L var alpinum.
Dianthus monspessulanus L.
Sambucus Ebulus L.
— racemosa L.
Carlina Cynara Pourr.
Gentiana lutea L.
Lappa minor D C.

On trouve ensuite :

Senecio adonifolius L.
Armeria Mulleri Timbal non Huet
Galium Cruciata L.
Genista purgans D C.
Scleranthus perennis L.
Anthemis arvensis L.

Epilobium spicatum Lamk.
Silene rupestris L.
Solidago Virga-aurea L.
Linaria striata D C.
Sedum aureum Wirtg.
Heracleum setosum Lap.

Le chemin longe la rive droite du Valira ; le paysage change d'aspect à chaque pas ; bientôt nous atteignons la *Capella de Sant-Pere* (1765 m.) située sur une éminence. Nous enregistrons à l'avoir de cette partie du trajet les espèces qui suivent :

Phyteuma spicatum L.
Sempervivum montanum L.
Polygonum alpinum All.
Poterium Sanguisorba L.
Rumex alpinus L.
Rhinanthus minor Ehrh.
Sedum Borderei Jord. et Fourr.

Sedum album L.
Carduus nutans L.
Sisymbrium acutangulum D C.
Verbascum Lychnitis L.
Artemisia vulgaris L.
Ribes Uva-crispa L.
Silene inflata Smith

Les marécages d'une prairie nous fournissent :

Caltha palustris L.
Cirsium palustre Scop.
Heleocharis palustris R. Br.

Veronica Beccabunga L.
Parnassia palustris L.
Myosotis palustris With.

Sur les rochers bordant le Valira (1710 m.) nous cueillons :

Senecio viscosus L.
Filago arvensis L.
Mentha candicans Crantz

Echium vulgare L.
Thymus Serpyllum L.
Urtica dioica L.

Nous franchissons le riu de *Ransol* à son point de jonction avec le Valira (1690 m.) ; près de là nous récoltons :

Achillea pyrenaica Sibth.
Astrantia major L.
Vincetoxicum officinale Mœnch
Cynoglossum pictum Ait.
Bromus tectorum L.
Galeopsis Ladanum L.

Rumex scutatus L.
Galium album Vill.
Reseda lutea L.
Sideritis pyrenaica Poir.
Digitalis lutea L.
Angelica Rasoulsii Gouan

A 1665 mètres d'altitude, les roches du chemin nous présentent :

Achillea Millefolium L.
— alpicola Heimerl
Euphorbia Cyparissias L.
Silene Saxifraga L.

A 1650 mètres : Eryngium Bourgati Gouan

En face, sur la rive gauche du Valira, de beaux pieds d'*Iris xyphioidea* Ehrh. frappent nos regards par leurs fleurs d'un bleu d'azur ; à 1630 mètres, l'*Aconitum Anthora* L. se montre à nous, au milieu d'éboulis calcaires ; tout près de lui croît le *Rhamnus alpinus*. L.

Le bruit d'une chute d'eau frappe notre oreille : c'est le *salt del Estanyo*, une des rares cascades de l'Andorre ; cette chute (26 m.), nous apparaît très belle, dans son cadre de roches schisteuses, d'une couleur de rouille, et au milieu d'un berceau de verdure. Sitôt ce ruisseau traversé sur une mauvaise passerelle de bois (1610 m.), nous apercevons le clocher de la *Capella de Sant-Joan*. Un roc à pic sur le torrent lui sert de base. Ce gracieux édifice roman est flanqué d'une tour carrée aux fenêtres cintrées et géminées ; point de portique, une grille de fer en tient lieu.

Sur les roches du chemin, en face de cette chapelle (1590 m. d'alt.), nous cueillons, à côté d'un pied de Molène (*Verbascum Thapsus* L.), une Synanthérée à capitule jaune d'or et très odorant, le *Santolina pectinata*. Lag., plante spéciale aux Pyrénées-Orientales et à l'Espagne.

Nous rencontrons ensuite :

Origanum vulgare L.
Hypericum quadrangulum L.

et des plantes essentiellement calcicoles :

Paronychia serpyllifolia D C.
Calamintha alpina Lamk.
Globularia repens Pourr.
Gypsophila repens L.
Anthyllis montana L.
Achillea odorata L.
Satureia pyrenaica Jord. et Fourr.
Scrofularia canina L.

Le détour du chemin nous laisse voir le village de *Canillo*, une des six paroisses d'Andorre : Canillo, Encamp, Andorra-la-Vieja, la Massana, Ordino, San-Juliá-de-Loria.

Canillo s'élève en amphitéâtre sous un superbe rideau de roches grises effritées qui la surplombent verticalement. Une petite tour carrée, celle de l'église, contrastant par sa blancheur avec les maisons noires et enfumées, s'adosse presque au flanc de cette curieuse muraille et semble couvrir de sa protection l'humble village. Le rio de Moncaup, qui coule à ses pieds, court mêler ses eaux à celles de l'impétueux Valira.

Comme nous gravissions la rue escarpée qui conduit à

l'église, descendaient vers nous du temple sacré, **deux à deux**, des femmes couvertes d'un capulet noir qui les recouvrait de la tête aux pieds. Sous cette cape se déguisait une robe de même couleur avec un long scapulaire violet, et à la hauteur de la poitrine, une plaque d'argent. L'image symbolique gravée sur cette plaque nous apprit que ces religieuses de Canillo appartenaient à l'ordre de la *Sainte-Famille-de-Nazareth*.

Sous l'église (1605 m. d'alt.) nous retrouvons abondamment le *Santolina pectinata* Lagasca, cette intéressante plante que nous avions déjà cueillie près de la chapelle de Sant Joan.

Pour quitter Canillo et continuer notre excursion nous franchissons le Valira (à 8 h. 20), sur une passerelle construite avec des sapins placés côte à côte (alt. 1570 m.) et située au bas du village. Ici le riu Valira s'enfonce entre deux énormes murailles verticales dont il faut escalader la crête (1625 m.).

Avant d'y arriver nous observons sur la lisière des champs :

Thlaspi arvense L.   Cota Triumfetti Gay.
Solanum Dulcamara L.   Matricaria inodora L.
Cirsium arvense Scop.   Ribes Uva-crispa L.

Près d'une croix, à quelques mètres du hameau de *Prats* (1615 m.), poussent au pied des murs :

Artemisia Absinthium L.   Linaria minor Desf.
Alyssum calycinum L.

Ce hameau dépassé, de vertes prairies nous conduisent au sanctuaire renommé de *Nª-Sª-de-Meritxell* (1540 m.) où les pèlerins accourent tous les ans en foule, les 15 août et 8 septembre, et au pueblo de même nom (1530 m.) à demi-caché dans les arbres. Les prairies de ce pauvre hameau contiennent :

Chœrophyllum sylvestre L.   Anthyllis alpestris Hegets. var
Brunella vulgaris Mœnch   pyrenaica Rouy.
Daucus Carota L.   Epilobium molle Lamk.
Peucedanum Oreoselinum Mœnch

La route passe au-dessus de ce pueblo insignifiant qu'elle laisse à droite ; des touffes de buis (*Buxus sempervirens*. L.) et de Fougère aquiline *(Pteris aquilina*. L.) croissent aux flancs des roches disloquées qui forment ici un vaste chaos. Notre oreille perçoit dans le bas du ravin le grondement du Valira qui glisse sur un lit de pierres ; les rives commencent à se tapisser de verdure, la vallée dessine un coude très brusque.

Avant de trouver les premiers champs de tabac (*Nicotiana Tabacum*. L.) nous notons au passage les espèces suivantes :

Ulmus montana Sm.
Picris hieracioidea L.
Campanula urticifolia Schm.
Lonicera Xylosteum L.
Helleborus fœtidus L.
Antirrhinum latifolium D C.
Clematis Vitalba L.

Erigeron acer L.
Artemisia campestris L.
Corylus Avellana L.
Sambucus nigra L.
Ilex Aquifolium L.
Rosa dumetorum Thuill.

Au milieu de la vallée, à notre droite, presque à notre niveau, apparaît sur un monticule (1390 m. d'alt.) la *Torre de Rossell*, ruine militaire qui garde encore sa ceinture de machicoulis. Elle fut construite, dit-on, par les vicomtes de Castelbó, seigneurs de ces vallées. Sur les schistes du sentier qui descend rapidement vers le hameau de *Los Bons* (1335 m.), situé au pied de la tour de Rossell, nous remarquons :

Bupleurum falcatum L.
Coronilla Emerus L.

Melica nebrodensis Parl.
Sedum anglicum Huds.

Ensuite, avant d'atteindre le pueblo de *La Mosquera* (1310 m.), dépendance du village d'*Encamp*, lequel se dessine au milieu d'une petite plaine boisée, nous observons les plantes dont les noms suivent :

Lycopsis arvensis L.
Saponaria officinalis L.
Salix viminalis L.

Crepis virens Vill.
— taraxacifolia Thuill.

A 9 h. 25, nous faisons notre entrée dans *La Mosquera*, longue rue tortueuse et sale, sur laquelle le premier étage des maisons fait saillie ; nous traversons une petite place qui précède un passage couvert et sommes l'objet de la curiosité des habitants. De notre côté, nous regardons avec étonnement de magnifiques pieds de tabac appendus aux balcons pour le séchage. L'herbe à Nicot est très cultivée en Andorre.

Un tablier de bois, suivi d'une arche en maçonnerie (1295 m.) unit ce faubourg à *Encamp*, dont l'église (1300 m.) s'élève au bord de la route, non loin du torrent ; son svelte clocher roman, percé de cinq étages de croisées, attire notre attention.

Dans les sables du chemin nous cueillons :

Centranthus Lecoquii Jord.
Reseda Phyteuma L.

Lepidium graminifolium L.

Laissant à notre droite la chapelle de *Santa-Maria-d'Encamp*, nous franchissons à nouveau le Valira (1290 m.) pour entrer dans une gorge sauvage, aux pentes redressées, véritable défilé à l'aspect lugubre, qu'une poignée d'hommes défendrait. Le chemin suit constamment la rive gauche du Valira qui reçoit ensuite comme affluents importants les rius de *Soquer* et *Madriu*.

Mais bientôt, quelle métamorphose ! l'Andorre est bien le pays des changements à vue : tout à coup, par une large échancrure, se montre à nous la riche vallée, la plaine d'Andorre. La pente est rapide, nous descendons sur un lit rocailleux et au milieu des ronces où nous observons :

Ononis spinosa L.
Linaria pyrenaica D C.
Dipsacus silvestris Mill.

Campanula rotundifolia L.
Scabiosa lucida Vill.
Eupatorium Cannabinum L.

Nous arrivons (10 h. 30) au pont de pierre jeté sur le riu *Madriu* (1120 m.), près de son confluent avec la Valira, et à l'entrée des *Escaldas*, bourgade industrielle du territoire. Le bruit qui sort du torrent, très encaissé en ce lieu, est répété par le mécanisme d'une foulerie à draps. C'est le genre d'industrie le plus en vogue et le plus en honneur dans la vallée.

« Cette fabrication remonte, comme simplicité, au temps d'Abraham, car le *drap d'Andorre*, on l'appelle ainsi, est formé de la laine du pays déjà très grossière et avec le procédé le plus simple de la navette. Une fois tissé, on le met dans les auges à foulons où il subit la seconde et dernière opération. On s'en sert pour l'usage des habitants et l'on fabrique des chaussons qui sont de la force et de l'épaisseur d'une semelle de cuir de bœuf ». Ces draps grossiers sont travaillés dans les eaux thermales et sulfureuses des *Escaldas (Aquæ calidæ)* au moyen de petits moulins à foulon échelonnés le long du Valira et mis en mouvement par les eaux de ce torrent et celles de son affluent, le rio Madriu. La plupart des habitants sont tisserands et se transmettent cette profession de père en fils.

Avant d'arriver sur la place, nous prenons le degré thermométrique d'une fontaine alcalino-sulfureuse ; il s'élève à 72° centigrades. D'autres sources, analogues à celles d'Ax, sont utilisées dans trois maisons qui possèdent des baignoires, car il n'y a pas encore d'établissement thermal et sa création est restée jusqu'à ce jour sans résultat. Cet état de choses durera longtemps, à moins que la spéculation d'industriels étrangers ne vienne se substituer à l'indifférence proverbiale des Andorrans, et que l'on ne crée des routes pour y faire arriver aisément les malades.

La maison Francisco Plá, sur la place (1105 m.), possède six baignoires en marbre blanc et une baignoire en zinc ; l'eau minérale tombe dans le bain par un robinet à la température de 43° centigrades ; ce robinet sert aussi pour les douches locales. Nous nous contenterons pour le moment et sans commentaires de signaler la défectuosité de ce mode d'emploi de l'eau sulfureuse. Chez Benturo Aleis, dit *Paulet*,

VUE GÉNÉRALE D'ANDORRE-LA-VIEILLE ET ESCARPEMENTS DU PUIG D'ANGLAR.

on voit aussi deux baignoires (une en zinc, une en bois). Chez Peré Babot, il y a une seule baignoire en zinc. Tels sont actuellement les thermes des Escaldas, que l'on confond souvent avec des thermes du même nom, situés dans la Cerdagne française, canton de Saillagouse (Pyrénées-Orientales).

Indépendamment des sources sulfureuses, le pueblo des Escaldas possède des eaux thermales ferrugineuses et salines (temp. 36° à 50° centigr.) analogues à celles de Bagnères-de-Bigorre, mais non utilisées jusqu'à ce jour. La réunion de ces diverses eaux pourrait cependant offrir à la thérapeutique de précieuses ressources.

Aux Escaldas on voulait placer la maison de jeu qui alluma la guerre civile, en 1866. C'est aussi le village rebelle dont les gens tirèrent, en 1884, sur notre viguier, M. Bonaventure Vigò, et qui assiégèrent toute une journée Andorre-la-Vieille, avec d'autres dissidents.

Un pont en dos d'âne sur le Valira (1110 m.) permet de passer sur la rive droite de cet impétueux torrent. De ce pont nous apercevons, au sud, la Coma de Prat-Primer et les restes du terrible éboulement qui anéantit en quelques instants (mi-avril 1865), le pauvre hameau de *la Fène* et ses habitants ! éboulement analogue à celui qui engloutit en une nuit, le 23 juin 1875, une partie du village de Verdun-des-Cabanes (Ariège). Les traces matérielles de cette catastrophe sont à peine visibles.

Après le hameau d'*Engordany*, où nous remarquons au bord du chemin de beaux pieds d'*Euphorbia Characias*, L. voici s'ouvrir à notre droite une gorge abrupte, serrée, celle de *Sant-Antoni*, qui conduit à Ordino, le plus frais et le plus agreste vallon de l'Andorre. Un peu plus loin est un pont d'une seule arche vêtue de lierre (*Hedera Helix.*, L.), et placé à une assez grande hauteur sur le torrent d'Ordino : c'est le *pont dels Escalls* (1100 m. d'alt.). Le riu d'Ordino ou Valira del Nort, qui baigne Ordino et sort des flancs du pic des Fangassés, voisin du port de Siguer, conflue, à quelques mètres plus bas (1075 m.), avec le Valira Oriental ou del Orien dont nous avons suivi le cours sinueux depuis son origine.

Au delà du confluent et à vingt minutes de distance s'élève sur un mamelon verdoyant *Andorra-la-Vella*, métropole des vallées, dont nous apercevons déjà les toits reluisants au soleil, car le temps est splendide. Une allée de chênes verts ou uncines (*Quercus Ilex* L.) appelés *Alzines* par les indigènes [1], et de chênes noirs ou tauzins (*Quercus Tozza* Bosc.),

[1] Les Catalans et les Andorrans mangent le fruit rôti ou bouilli de cette espèce, l'*Alzina dolce*, et le mêlent même avec le pain. Il est à remarquer que le fruit assez acerbe du chêne vert devient de plus en plus doux à mesure que l'on descend dans les contrées méridionales. Son goût se rapproche alors de celui des noisettes.

nous y conduit ; dans les gazons qui bordent le sentier nous notons :

Marrubium vulgare L.
Verbena officinalis L.

Poa trivialis L.

et sur les murs :

Iris germanica L.
Rubus idæus L.
Acer monspessulanum L.
Campanula Erinus L.
Echium vulgare L.

Sedum dasyphyllum L.
Ceterach officinarum Willd.
Asplenium Trichomanes L.
— Ruta muraria L.

A 11 h. 15 nous entrons dans Andorre-la-Vieille et dirigeons nos pas vers l'*hostal de Calounés*.

Situé à 1080 mètres d'altitude moyenne, sur un rocher que surplombe le *puig d'Anclar*, le chef-lieu des vallées domine une plaine riante et fertile. L'idée qu'on se fait généralement du mot capitale, lorsqu'il s'agit d'une ville, n'est ici qu'un désappointement. En effet, la capitale de l'Andorre (650 âmes), d'une grande ancienneté, ce qui l'a fait surnommer *la Vella* (vieille), se compose d'un amas de maisons aux murs sombres, entourées de vestiges d'anciens remparts ; les rues sont étroites, tortueuses, et aboutissent à une place ornée de quelques maisons confortables, entre autres celle de Francisco Duran, ancien syndic général, et celle de la famille Don Guilhem Areny, la plus riche des vallées, surmontée d'un belvédère à arcades, sorte de véranda aérienne, etc.

A droite de cette place se montre l'église : c'est un vaisseau roman du dixième siècle, avec ses six autels ornés de riches boiseries, mais surchargés de dorures, comme dans la plupart des églises d'Espagne.

La Maison de la Vallée (*Casa de la Vall*), arche sainte des vieilles coutumes, est bâtie sur un rocher à pic s'élevant à l'extrémité de la ville ; elle forme une défense naturelle, à laquelle on a ajouté une tour en encorbellement du seizième siècle et percée de meurtrières. Ce bâtiment, d'une architecture lourde et irrégulière, a une façade ornée de trois fenêtres et de quelques lucarnes. — Sur la porte d'entrée, large et massive, au millésime de 1580, s'étale cette inscription :

DOMUS CONCILII, SEDES JUSTITIÆ.

Au-dessous de cette inscription, les armoiries de l'Andorre, gravées sur un écusson en marbre blanc : d'un côté mitre, crosse et quatre pals de gueules ; de l'autre, trois pals de gueules et deux vaches ; le tout sur champ d'or, avec cette devise : VIRTUS UNITA FORTIOR. La mitre et la crosse indiquent la suzeraineté de l'évêque d'Urgel sur cette vallée ; les trois

Panajou.

MAISON DE LA VALLÉE (CASA DE LA VALL) A ANDORRE-LA-VIEILLE.
(Siège du Gouvernement, Hôtel de Ville, Palais de Justice, Prison d'État
et Maison d'École)
Au-dessus de la porte d'entrée, écusson aux armes de l'Andorre.

pals de gueules sont les armes des anciens comtes de Foix, suzerains d'Andorre, et les vaches du Béarn, celles des rois de Navarre devenus les héritiers de la maison de Foix ; les quatre pals de gueules sont les armes de Catalogne dont dépend Urgel. Ces armoiries sont suivies de quatre vers latins d'un style pompeux.

Notre obligeant hôtelier, Miquel Montaña, dit *Calounés*, s'offre à nous servir de *cicerone* pour la visite du palais ; il nous montre : 1° au rez-de-chaussée, les écuries où les conseillers des villages éloignés laissent leurs montures durant les sessions ; 2° au premier étage, trois salles parallèles : la *salle* autrefois affectée *aux banquets ;* l'ancienne *salle du grand Conseil* convertie aujourd'hui en réfectoire : des murs blanchis à la chaux, des bancs en chêne et des tables à l'entour vierges de nappe, de la vaisselle d'étain, le *pourro* traditionnel pour boire *à la régalade* à tour de rôle et remplacer l'usage du verre encore inconnu ; entre les deux croisées, un diptyque portant *l'image du Christ en croix*, avec deux vantaux aux armes de la vallée, telle est cette salle dans sa simplicité imposante ; une porte donne accès à la 3° *salle* dite *des archives* où se tiennent les réunions du conseil général et de la justice. Les archives sont contenues dans une armoire en bois de sapin, encastrée dans le mur et munie de six serrures, portant les noms des six paroisses d'Andorre. Comme chaque clef est déposée entre les mains du *consul mayor* de chaque paroisse, il faut donc pour l'ouvrir que ces six personnages soient réunis.

Près de l'unique fenêtre, trois fauteuils en paille pour le président et les syndics, et tout à côté, leurs robes et leurs tricornes suspendus. Sur les murs, on remarque deux cartes de la vallée, l'une par M. Lengellé, ingénieur et géographe du roy, l'autre, plus récente et plus exacte, par M. Bladé, notre érudit collègue de l'Association pyrénéenne.

A droite de cette salle s'ouvre la chapelle dédiée à Saint-Armengol, évêque d'Urgel de 1010 à 1035. Elle a été récemment réparée par le nouvel évêque, *el obispo señor Casañas*.

La cuisine mérite bien une visite. Une immense cheminée en forme de pyramide tronquée, où se balancent trois gigantesques crémaillères, occupe le centre de la pièce ; les landiers, de proportions analogues, portent sur le côté une petite coupe, pour mettre le bois de pin *(taizo)* destiné à l'éclairage ; on y fait souvent rôtir un mouton tout entier. Autour, des bancs permettent aux conseillers de se chauffer à l'aise.

La *casa de la Vall* est encore pourvue de six chambres (une par paroisse), avec douze lits partagés par les vingt-quatre conseillers ; les deux syndics (président et vice-président de la Seigneurie) ont seuls le privilège de coucher chez eux ; ils enferment leurs collègues tous les soirs avec la formidable clef du palais.

La gastronomie est fort en honneur chez les députés des paroisses pendant la durée des sessions et les repas multipliés sont pantagruéliques. Ces députés ne touchent pas d'appointements, ils subissent même des amendes relativement fortes pour des absences non justifiées, des retards d'entrée en séance, après le son de la cloche ; rien d'étonnant que le gouvernement se montre large à leur égard pour la nourriture.

La Saint-Thomas (21 novembre) est la fête des vallées. A cette occasion, grande invitation par le conseil de tous les prêtres des paroisses ; leur nombre varie, mais actuellement on en compte quinze : trois à San-Juliá-de-Loria, trois à Andorre-Vieille, deux à la Massana, deux à Ordino, un aux Escaldas, deux à Encamp, un à Canillo, un à Saldeu. Six d'entre eux portent le titre de *parrocos* (curés de paroisse), les autres desservants sont des vicaires.

Cette digression faite sur Andorre-la-Vieille, reprenons notre bâton de voyageur. — 3 h. 30 sonnaient à la grande horloge de l'église au moment de notre départ.

Par une descente rapide sur un chemin pierreux, véritable casse-cou, nous contournons la roche qui porte la capitale, pour côtoyer ensuite la rive droite du *Gran Valira*, au milieu des vertes prairies où nous remarquons :

Iris pseudo-Acorus L.
Angelica montana Schleich.
Lythrum Salicaria L.

Polygonum Persicaria L.
Stellaria aquatica D C.
Juncus effusus L.

et au bord du chemin, près du pueblo de *Tovira*, caché dans le feuillage :

Galium maritimum L.

Althæa cannabina L.

A droite se dressent les escarpements grisâtres et déchiquetés du puig d'Anclar et de ses contreforts ; sur une crête se campe fièrement le château ruiné de *Sant-Vicens*. Les ombrages ne font pas défaut et nous garantissent des ardeurs du soleil. Au milieu d'une allée de chênes, de peupliers et de noyers, nous atteignons le hameau de *Santa-Coloma* (1050 m.), dont l'église possède une tour mauresque percée de plusieurs étages de croisées. Nous relevons les plantes suivantes très abondantes en ce lieu :

Cratægus Oxyacantha L.
Cirsium eriophorum Scop.
Erigeron canadensis L.

Biscutella lævigata L.
Delphinium peregrinum L

Un pont en dos d'âne (1030 m.), près du confluent du riu Anclar avec le Valira, nous porte sur la rive gauche que nous suivrons désormais jusqu'à la Seo-de-Urgel. De ce pont, la plaine d'Andorre nous apparaît dans toute son étendue (environ cinq kilomètres de longueur et un kilomètre de largeur). La vallée devient fort encaissée, entre deux hautes montagnes ; le paysage est d'une grâce sévère ; ça et là, quelques pins rabougris piquent leur cône de verdure sombre. Toujours se dresse devant nous une barrière qui ferme l'horizon. La vallée sinueuse contourne, semblable à un labyrinthe sans fin. Le torrent gronde et mugit sous nos pieds. Sur les rochers du chemin, nous notons avec satisfaction cinq intéressantes espèces surtout la dernière qui est très rare :

Genista scorpius D C.
Nepeta Cataria L.
Satureia pyrenaica Jord. et F.
Achillea odorata L.
Antirrhinum molle L.

La route passe près des *bordes de Novall*, et un peu plus loin en face de la chapelle de *Santa-Filomena*, que l'on aperçoit sur la rive droite du Valira ; plus loin encore, elle laisse à droite un pont de pierre (995 m.) qui conduit dans la vallée d'*Os*, d'où descend, pour se jeter dans le Valira, le ruisseau de Vexisarri, en ce moment à sec.

Bientôt l'horizon paraît s'ouvrir. Au débouché du chemin se dressent devant nous les crêtes dentelées et rougeâtres du puig d'Olivesa au pied duquel s'étend en amphithéâtre la petite ville de *San-Juliá-de-Loria*, plus importante par sa population et son commerce qu'Andorre-la-Vieille. « San-Juliá-de-Loria est assise comme une madone à l'angle mystérieux de cette partie de la basse vallée qui confine avec l'Espagne. Ce n'est qu'en entrant dans ses murs qu'on l'aperçoit, tant elle est cachée par l'ombre des arbres, par la montagne et par les eaux, car de nombreuses cascatelles tombent du haut des rochers et forment autour d'elle un nuage de poussière liquide diamantée. Des prairies magnifiques, des ruisseaux nombreux, des bosquets de noyers et de châtaigniers lui servent de ceinture. San-Juliá réunit ainsi tous les agréments du site aux avantages qu'il a d'être à deux pas en quelque sorte de la plaine d'Urgel. » Aussi cette communauté doit-elle à ce voisinage les bienfaits d'un commerce actif avec la Catalogne ; c'est dans ses murs que se passe le trafic d'Andorre.

Nous entrons dans San-Juliá à cinq heures du soir. Une longue rue, parallèle au cours du Valira, conduit à la *plaza mayor* (940 m. d'alt.) : c'est le cœur de la cité. — On nous regarde avec étonnement ; les curieux habitants sont sur la porte de leur maison.

Dans une rue étroite, tortueuse et rocailleuse, nous nous garons contre un long convoi de mulets harnachés dans le goût catalan (ornements de cuivre guilloché, pompons rouges et sonnettes) chargés de marchandises et conduits par des guides en culotte courte, portant la bérette rouge à plis, dite *berettina,* et des chaussures en cordes d'aloès tressées, recouvertes de toile, appelées *espadrilles* ou *espardeñas* en catalan. Longeant le *Gran Valira*, on sort du bourg par une ancienne porte de bois, faible ouvrage de défense, sur les piliers de laquelle nous cueillons :

Antirrhinum Asarina L.	Allium oleraceum L.

Plus loin, nous remarquons une magnifique scierie de planches, qui ont un grand débouché dans la province de Lérida (à dos de mulet, bien entendu) ; on les dit les meilleures de la contrée pour les travaux de menuiserie et d'ébénisterie. Ces scieries mécaniques constituent l'unique industrie hydraulique qui ait subsisté après l'extinction des anciennes *forges* dites *à la catalane ;* celles d'Ordino et d'Encamp, alimentées par le minerai de fer de Ransol, étaient les plus importantes du territoire. L'industrie du fer, qui ne dépassait point les frontières de la contrée d'Urgel, est aujourd'hui tombée en désuétude, à la suite du libre échange et de la concurrence étrangère ; aussi, depuis que le feu de ses forges est éteint, on n'entend plus les vallées silencieuses retentir du bruit de ce puissant marteau qui était le signe de leur vie industrielle.

Notre vue est encore frappée par de belles forêts qui couronnent les sommets et couvrent les flancs des montagnes, et aussi par une tour carrée située sur un roc escarpé au-dessus du *Gran Valira* : c'est la tour sarrasine ? de *la Seca.* Le montagnard qui est allé de la Seca à la Meca (autre tour ruinée qui domine le village d'Ordino) passe pour un explorateur, ce qui a donné lieu au dicton populaire bien connu en Andorre : « *Ha seguit la Seca, y la Meca y la vall de Andorra.* »

Chemin faisant, sur des terrains escarpés, au-dessus du torrent et le long d'un canal d'irrigation, nous enregistrons les espèces suivantes, la plupart très vulgaires :

Salvia pratensis L.	Barbarea vulgaris R Br.
Eryngium campestre L.	Bryonia dioica Jq.
Seseli montanum L.	Tamus communis L.
Hordeum murinum L.	Pulicaria dyssenterica Gœrtn.
Chondrilla juncea L.	Malva rotundifolia L.
Teucrium Chamœdrys L.	Convolvulus arvensis L.
Trifolium patens Schreb.	Ammi majus L.
— ochroleucum L.	Scleranthus annuus L.
— arvense L.	Sherardia arvensis L.

1. Vue générale de la plaine d'Andorre-la-Vieille ; à droite, rocher surplombant la plaine et portant quelques maisons de la capitale de l'Andorre. (Cliché H. Deverell.)
2. Vue générale de San-Julia-de-Loria (Andorre) à 940 mètres d'altitude. (Cliché F. Regnault.)
3. Rue principale de la Seo-de-Urgel (Espagne), à 705 mètres d'altitude.
4. Chapelle de Sant-Joan-de-Casselles, près de Canillo (Andorre).
5. Vallée du Sègre et bains sulfureux de San-Vicens (Espagne). (Clichés Panajou.)

Geum urbanum L.
Aira caryophyllea L.
Salix Caprea L.
— aurita L.
Bromus mollis L.
Anagallis phœnicea Lamk.
Sinapis incana L.
Clinopodium vulgare L.
Solanum nigrum L.
Betonica officinalis L.
Geranium Robertianum L.
— dissectum L.
— molle L.
Andryala sinuata L.
Parietaria erecta M et K.
Euphorbia helioscopia L.
Anarrhinum bellidifolium Desf

Calamintha Nepeta Link.
Tolpis barbata Willd.
Agrostemma Githago L.
Polypodium vulgare L.
Lampsana communis L.
Ballota fœtida Lamk.
Sisymbrium Alliaria Scop.
— officinale Scop.
Valerianella olitoria Poll.
Holcus mollis L.
Plantago lanceolata L.
— major L.
Lychnis dioica D C.
Jasione montana L.
Teucrium Scorodonia L.
Polygala vulgaris L.
Sideritis hirsuta L. etc.

Après quarante-cinq minutes de marche (style montagnard), à partir de San-Juliá, nous franchissons le Rubicon andorran, en ce moment à sec, le torrent de Ruñer (870 m.) qui marque la limite de l'Andorre et de l'Espagne. La caserne des *carabineros del Reino* (douaniers du royaume), au lieu dit *la Farga de Moles* (885 m.), est située sur une plate-forme à peu de distance.

Deux heures encore pour atteindre la *Seo-de-Urgel*. Nous hâtons le pas ; la nuit nous prend à *Anserall* (750 m.). Bientôt la rencontre de deux gendarmes espagnols, faisant leur ronde de nuit pour surprendre les maraudeurs, nous apprend que nous sommes aux portes de la cité d'*Urgel* (705 m.) ; il était huit heures et demie du soir.

L'excellente *fonda de Llabreta* refit nos estomacs et nous humâmes avec délices, sur la terrasse de l'hôtel qui domine le bassin du Sègre, un air vivifiant, avant de prendre un repos bien mérité, car nous avions parcouru dans une journée (de Saldeu à Urgel) cinquante et un kilomètres.

Le 15 août fut consacré à la visite d'Urgel et de ses 3 forts, et aux belles cérémonies de la cathédrale dédiée à Saint-Odon. Quand on arrive d'Andorre la petite ville épiscopale de la Seo-de-Urgel produit l'effet d'une grande ville et d'un centre brillant. C'est un imbroglio de rues et de ruelles en partie délabrées, aux maisons à balcons sous la saillie des toits en auvent avec des galeries d'arcades massives d'un effet très pittoresque. Le lendemain, nous remontions de grand matin le cours du Sègre par une série de défilés, jusqu'à la plaine de Puigcerda (52 kilomètres), en traversant les *baños de San-Vicens, puente de Bar, Martinetto, Bellver ;* enfin, le 18 août, après un séjour à *Puigcerda*, la diligence de Bourg-

Madame à Ax nous ramenait dans nos pénates, tandis que la diligence de Ripoll emportait vers Barcelone mes deux compagnons de route.

II

Contribution à la flore de l'Andorre

ASCENSIONS AU PUIG DE COMA-PEDROSA (2,946ᵐ) ET AU PUIG DELS PESSONS (2,865ᵐ)

La *Revue des Pyrénées et de la France méridionale* a publié dans son 3ᵉ fascicule de 1889 (p. 332 à 352), notre récit d'une excursion botanique en Andorre, les 13 et 14 août 1888 ; dans ce travail, l'on trouvera amplement décrit l'itinéraire d'Ax-les-Thermes à Andorre-la-Vieille et à la Seo-de-Urgel, ainsi que l'énumération des plantes récoltées ou observées.

Nous venons aujourd'hui apporter une nouvelle contribution à la flore de cette intéressante seigneurie, placée entre la France et l'Espagne et ayant conservé son intégrité territoriale, ses mœurs primitives et pures, ses institutions, etc..., malgré les bouleversements opérés dans les deux nations voisines.

Encore mal connu des historiens, le Val d'Andorre n'est point une « République » ou un « Etat indépendant » mais une *Seigneurie* avec deux coseigneurs : le chef de l'Etat français et l'évêque d'Urgel. Chacun d'eux nomme un *viguier*, sorte de lieutenant-général, commandant la milice bourgeoise et qui, à son tour, choisit un *bayle* sur une liste de candidats désignés par le Conseil général.

On y reconnaît encore une vieille constitution féodale « une alvéole demeurée de l'ancienne ruche des vallées pyrénéennes », un témoin rétrospectif. Sans industrie, sans armée, sans gendarmes, sans aucun budgétivore, sans impôts, sans code, etc., ce petit pays paraît aussi curieux pour l'historien que le serait un ichthyosaure par un paléontologue. La civilisation n'est indiquée actuellement que par un tronçon de route carrossable et un télégraphe installé par la France.

L'Andorran, sobre, laborieux et énergique personnifie le type de l'agriculteur et du pasteur, nous pourrions ajouter du contrebandier ; il communique facilement avec l'Espagne, et vit, pendant huit mois de l'année, isolé de la France, dans un massif de montagnes élevées dont quelques échancrures le mettent en communication avec l'Ariège et les Pyrénées-Orientales.

Le 16 juillet 1894, en compagnie de M. Frédéric Deverell, auteur d'une excellente carte sur l'Andorre (1) de M. l'abbé Marcailhou-d'Ayméric, botaniste ardent (2), de M. Alph. Marcailhou-d'Ayméric, étudiant en médecine, notre neveu, et du muletier Astrié Louis dit *Pastafon*, nous étions en route, dès l'aube, pour l'*Hospitalet*, dernier village français sur la frontière de l'Andorre.

Une halte de quelques instants est indispensable dans ce petit village situé à 1436 m. d'altitude supramarine, au bord de la route nationale de Paris en Espagne et dont les habitants sont durement éprouvés en hiver par les avalanches ou les amoncellements de neige.

Le défaut de route carrossable pour l'Andorre malgré les nombreux tracés encore en l'état de projet, nous oblige d'abandonner la voiture pour amener seulement un cheval et un mulet.

Notre départ a lieu à 8 heures précises ; nous passons bientôt devant la cabane des douaniers près du pont Cerda (1510 m.), traversons le ruisseau de la *Paloumèra* (1620 m.) servant de limite à la France, pour contempler ensuite les frais pâturages de *la Soulane* et le beau cadre des monts qui nous entourent, avant d'arriver par de rapides lacets au port de *Fray-Miquel* (2450 m.), (3) à 11 h. 30, et de là descendre vers le hameau de *Saldeu* (1860 m.) où nous entrons seulement à 3 h. 45.

Chemin faisant, nous avons observé les plantes suivantes, non encore signalées dans notre précédente relation (4).

1° A la fontaine de la Paloumèra (1620 m.) : *Pedicularis mixta* Gren., et *Chærophyllum aureum* L.

2° Dans les prairies de la Soulane, au-dessus du confluent du ruisseau del Baladra avec l'Ariège : *Heracleum pyrenaicum* Lamk.

3° Aux environs de la fontaine du port de Fray-Miquel (2400 m.) :

---

(1) *Mapa de las Valls de Andorra*, contructed by F. H. Deverell, 1890, based on the scale of the French Ordnance Survey Map (Carte de l'Etat-Major) 1/80.000. — Nous y avons collaboré.

(2) Notre regretté frère, aumônier du couvent du Saint-Nom de Jésus d'Ax-les-Thermes, est décédé, le 7 août 1897, à l'âge de 58 ans ! à la suite d'une attaque d'apoplexie.

(3) Cette cote est plus exacte que celle de 2420 m., indiquée par nous en 1889. (*Excursion botanique en Andorre*, Rev. des Pyr., p. 333). La carte des *Vallées d'Andorre*, dressée par M. le lieutenant-colonel Blanchot, donne à ce col une altitude de 2145 m. On le nomme aussi port d'Embalire.

(4) Rev. des Pyr. loc. cit. p. 335 et 336. — Pour éviter les redites nous avons à dessein évité de reproduire les noms des plantes déjà publiés dans nos listes antérieures.

Anemone apiifolia Wulf.,
Ranunculus spretus Jord.,
Viola silvatica Fries,
Sedum alpestre Vill.,
Leontodon hispidus L. var. alpinus. Lec. et Lam.,
Taraxacum hyoseridifolium Arv.-Touv. et Marc.-d'Aym.,
Hieracium nanum Scheele,
Plantago alpina L.,
Luzula spicata D C.,
Poa minor Gaud.,
Phleum alpinum L. var. foliosum Cariot.

4° Dans les pelouses du port de Fray-Miquel (2450 m.).

Ranunculus pyrenæus L. var. bupleurifolius D C.,
Ranunculus geraniifolius Pourr.,
Astrocarpus sesamoideus Gay,
Stellaria cerastoidea L.,
Linaria alpina Mill.
Myosotis alpestris Schm.,
Festuca Halleri All.,
Poa alpina L. var. flavescens Thomas.

5° Aux alentours des *bordes* de Saldeu (2050 m.).

Trifolium Thalii Vill.,
Rhododendrum ferrugineum L.,
Senecio viscosus L.,
Arbutus Uva-ursi L,
Hyoscyamus niger L.,
Polygonum alpinum All,
Armeria Mulleri Timb. et auct. mult. *non* Huet. du Pav.

3 h. 45. — Une halte à l'auberge de *Bonell* dit l'*Oustet* (*hostal del Ostet*) à *Saldeu* (1) où nous avions déjà passé une nuit mémorable, le 13 août 1888, nous permet de nous réconforter et de laisser reposer nos bêtes de somme ; nous faisons une courte visite à l'église de ce hameau, dédiée à Saint-Barthélemy, et aux plus anciennes maisons. Sans nous attarder dans cette pauvre bourgade, nous partons pour Andorre-la-Vieille ; voici l'énumération rapide des plantes observées durant le trajet jusqu'aux Escaldas : *Saxifraga exarata* Vill.? *Cirsium rivulare* Link, *Hieracium andurense* (*Sp. nov.*) Arv.-T. et Marc.-d'Aym., *Vincetoxicum officinale* Mœnch. etc. près de la belle cascade dite le *Salt del Estanyo* (1605 m.); *Ononis cenisia* L. sur les rochers qui avoisinent la chapelle de Sant-Joan-de-Casselles (1580 m.), près de *Canillo* ; *Euphorbia Cyparissias* L., *Paronychia serpyllifolia* D. C., sur les rochers du sentier (1360 m.) entre *Meritxell* et la *Mosquera* d'Encamp; *Reseda lutea* L., *Artemisia Absinthium* L., *Euphorbia serrata* Jacq., sur un talus près de l'église d'*Encamp* (1300 m.) ; *Herniaria glabra* L., sur la route des Escaldas, etc.

La nuit tombe lorsque nous traversons les rues de l'unique station thermale de l'Andorre, *Las Escaldas* (*Aquæ calidæ*); les habitants et les rares baigneurs indigènes, de cette ville d'eau primitive, nous regardent passer avec surprise et à 9 h. 25, nous pénétrions dans les murs de l'antique capitale de la Seigneurie andorrane. Notre baromètre indique 1100 m.

---

(1) On écrit aussi *Soldeu*.

1. La plaine d'Andorre-la-Vieille prise de Santa-Coloma (Andorre). — 2. Grand lac et crêtes des Pessons (Andorre).
Clichés H. Deverell.
3. Vue d'ensemble du village de Canillo (Andorre). — 4. Nouvelle route du port de Fray-Miquel (Andorre),

d'altitude, à l'*hostal* du señor Miquel Montaña dit *Calounés* où nous recevons un excellent accueil et réparons nos forces, en attendant le sommeil bien mérité qui nous fera oublier nos fatigues. Les chambres étaient propres et pourvues d'un lit de fer, style espagnol, où de saintes images sont peintes en couleurs vives, sur le chevet.

JOURNÉE DU 17 JUILLET.

Visite d'Andorre-la-Vieille et course à San-Juliá-de-Loria.

La matinée du 17 fut employée à la visite d'Andorre-la-Vieille (1) et de ses curiosités (palais du gouvernement, église, etc.); l'après-midi, à la course de San-Juliá-de-Loria (2), bourgade la plus commerçante du territoire andorran et distante de la métropole de sept kilomètres (3 heures de marche aller et retour), sur le chemin de la Seo-de-Urgel.

C'est dans ses murs que se passe le trafic d'Andorre ; sa situation à quelques heures de l'Espagne l'a naturellement désignée pour remplir le rôle de centre commercial de la contrée. Sur la place de ce village (940 m.), nous remarquons une croix de fer forgé surmontant un socle de calcaire. — Près de nous, passe un convoi de mulets empanachés de rouge, chargés d'outres de vin, et conduits par des *arrieros*, solides gaillards en culotte courte, à la veste de bure, au gilet orné de boutons de cuivre, à la ceinture rouge, coiffés d'une bérette rouge écarlate à triple pli, et chaussés d'espadrilles en corde. Tout cela indique l'origine espagnole-catalane dont les Andorrans ont conservé les mœurs et le langage. La langue catalane, différant notablement de la castillane, doit être considérée cependant comme une langue littéraire.

Au nombre des plantes observées dans cette course nous citerons :

Dans les murs des champs sous Andorre-la-Vieille, à 1050 m. d'alt.: *Euphorbia Characias* L., *Quercus Ilex* L. (*Q. alzina* Lap.).

Sous le hameau de Santa-Coloma, au bord du sentier, à 1030 m.: *Heliotropium europœum* L., *Marrubium apulum* Ten.,

A 990 m., sur les rochers près du pont situé au débouché de la vallée d'Os dans le Gran Valira : *Achillea odorata* L., *Thymus vulgaris* L., *Dianthus attenuatus* Sm., *Helianthemum Fumana* Balb. non Mill., *Iberis Forestieri* Jord., *Dactylis glomerata* L., etc...

(1) *Andorra-la-Vella* en catalan, *Andorra-la-Vieja* en castillan. — Voir pour sa description, notre *Excursion botanique en Andorre*.
(2) On écrit Sant-Juliá-de-Loria en catalan, San-Juliá-de-Loria en castillan. Cette dernière orthographe est généralement adoptée.

A 940 m, sur les rochers, avant d'entrer au village de San-Juliá : *Reseda lutea* L., *Campanula glomerata* L., *Paronychia serpyllifolia* D. C., *Antirrhinum Asarina* L., *Calamintha Acinos* Clairv., etc...

Nous étions de retour à 7 h. 30, à *l'hostal de Calounès*. — Notre appétit stimulé par l'air vif de la montagne, s'accomoda assez bien des parfums étranges d'ail et d'huile rance qui se dégageaient de la cuisine ; notre repas se composa des plats suivants : soupe à l'ail, tranches de mouton, œufs assaisonnés d'huile, de vinaigre et d'ail, truites frites, salade de tomates crues, etc., et du vin sucré que l'on retrouve dans toutes les auberges d'Andorre et de la Catalogne.

JOURNÉE DU 18 JUILLET.

Ascension au puig de Coma-Pedrosa (2946 m.).
Coucher à La Massana.

Les deux vallées principales qui forment par leur configuration les deux branches d'un gigantesque V, se joignent dans la petite plaine d'Andorre à 1075 m. d'alt. un peu au-dessous du pont des Escalls, pour former le *Gran Valira* et se terminer ainsi en Y jusqu'à la Seo-de-Urgel.

La branche orientale que nous avons déjà suivie pour nous rendre de Saldeu à Andorre-la-Vieille, s'infléchit d'abord à l'O. puis au S. par une courbure tortueuse et est arrosée par le torrent nommé *Valira del Orien* qui prend sa source à l'E. des nombreux lacs des Pessons, au pied du *puig del Valira* (2769 m.).

L'autre branche, traversée dans toute sa longueur par le *Valira del Nort*, commence à la frontière de France, dans les environs du port de Siguer et se dirige constamment du N. au S. (1).

C'est dans cette dernière vallée que nous allons pénétrer pour faire l'excursion du *puig de Coma-Pedrosa* (2) le plus haut sommet de l'Andorre.

Avant l'aube de ce jour, nous sommes en route pour *La Massana*. L'atmosphère est calme, le ciel d'une sérénité remarquable ; tout nous augure une belle journée. Nous contournons d'abord un mamelon rocheux qui porte la chapelle de *Sant-Pere*, avant d'escalader un petit promontoire et descendons ensuite vers un pont de pierre, dit le *pont Pla*

---

(1) On nomme improprement *Embalire* ou *En-Balire* de l'E. et du N., les deux rivières principales de l'Andorre. Ce mot signifie *vers le Valira*. Il faut écrire *Valira* et prononcer *Balira*. On sous-entend *riu* (en catalan, rivière). Les anciens documents sur l'Andorre écrivent : *Flumen Valeriæ, Alveus Valeriæ, Amnis Valeriæ, etc.*

(2) Les mots *Coma Pedrosa* signifient : coume ou vallon pierreux. Nous connaissons dans la région d'Ax-les-Thermes le pic Pedroux, la fontaine Pédrouse, etc...

(1140 m.). Nous nous proposons d'explorer ses abords au retour de la Coma-Pedrosa, au point de vue botanique. Le jour nous atteint en ce point. Le chemin longe la rive gauche du Valira, à côté de verdoyantes prairies ; bientôt, après dix minutes de marche, le pont de *Sant-Antoni* (1170 m.) nous ramène sur la rive droite.

Voici maintenant l'étroit défilé dit le *grau* ou *garganta de Sant-Antoni*, ainsi appelé de la chapelle dédiée à Saint-Antoine, qui s'élève sur un rocher à 1180 m. d'altitude ; la route a dû être taillée dans le roc vif en maints endroits, vu l'exiguité de la gorge.

Au point où le *riu Montanè* vient déboucher dans le Valira (1190 m.) la vallée s'élargit, et l'on aperçoit sur la droite, perché à une hauteur de 200 mètres environ au-dessus du torrent, le petit village d'*Anyos*.

Plus loin, nous laissons à notre gauche le sentier qui gravit au N.-O., une hauteur dominée par le clocher en ruines du poblet de *Sant-Joan-de-Sispony*. Le chemin que nous suivons, longe la rive droite du Valira et passe au pied des rochers à pic du monticule de la *Sierra de la Nor* (d'après le *Guide* Joanne) ou mieux *del honor*. Suivant la légende carlovingienne, Louis le Débonnaire, alors roi d'Aquitaine, défit les Sarrasins sur cette montagne, en l'année 805, après un combat des plus sanglants. Pour perpétuer le souvenir de cette victoire connue dans les textes andorrans sous le nom de *batalla del honor*, on plaça en ce lieu, une pierre avec une inscription commémorative, dont le texte fut dicté par Charlemagne. Cette pierre a disparu, paraît-il, depuis une cinquantaine d'années. Quelques instants auparavant, le guide nous avait déjà montré un roc qui aurait été creusé, toujours d'après la légende, « d'un coup d'épée, par Charlemagne ou par l'un de ses paladins, pour y verser l'avoine destinée à sa monture ». D'après cela, les traditions carlovingiennes ne manquent pas en Andorre.

Sur notre droite apparaissent la chapelle de *Sant-Cristofol* et le poblet de *la Aldosa*, ce dernier situé sur une éminence au-dessus du confluent du *Valira del Nort* et du *riu Arinsall*.

A 5 h. 15 nous traversons *La Massana*, l'une des six paroisses d'Andorre, que nous nous proposons de visiter au retour et où nous faisons une halte de courte durée.

Deux heures de marche environ, nous séparent d'*Arinsall* (1500 m.), dernier village ou mieux dernière agglomération d'habitants où nous devons prendre un guide spécial pour nous conduire à la Coma-Pedrosa.

En route donc ! nous passons successivement devant les hameaux de *Piu*, d'*Erts*, de *Pujol*, d'*El-Mas* et entrons dans Arinsall à 7 heures précises.

Notre prix débattu avec le guide Guilhem Moles, nous suivons d'abord la rive gauche du *riu Arinsall*, pendant une heure et demie environ, et quittons ce torrent un peu en amont de son confluent avec le *riu del estany de las truytas* descendu de l'étang de ce nom situé au pied du pic de Sanfons ; ce confluent se nomme *Ayguas-Juntas* (1940 m.).

Bientôt, le chemin devient très étroit et abrupt, il serpente en zigzag au travers d'une belle forêt de pins (*Pinus uncinata* Ram., pour aboutir à une mauvaise passerelle dite *pont de Fanoil* (2030 m.) qui nous ramène sur la rive gauche du même ruisseau de l'étang des truites ; nous sommes parvenus à la limite supérieure de la forêt, avant d'atteindre le sommet du ressaut de *Goudelens* (2090 m.) et à cent mètres plus haut la *Jasse* ou *pleitte* (1) du saut de l'eau (*salt del aygua*) ainsi dénommée des nombreuses cascades qui se précipitent avec fracas, en ce lieu pittoresque.

Ici, plus de passerelle, mais des blocs de pierre placés à distance dans le lit du *riu de Coma-Pedrosa;* devant nous se dresse un cirque imposant. Nous cheminons ensuite pendant une heure environ, sur la rive gauche du ruisseau, dans une région marécageuse, véritable *mouillère* (2) dont le sol spongieux est garni de *Sphagnum* et cède sous nos pas. Nous regrettons vivement que le temps fasse défaut pour récolter une foule de muscinées aquatiques, mais il ne faut point s'attarder, *dura lex, sed lex!* si nous voulons remplir fidèlement le programme de la journée.

A l'O. se dresse une crête accidentée qui se relie du port Nègre de Tor (2519 m.) aux contreforts du pic de Coma-Pedrosa, en passant par le puig de Sanfons (2894 m.) ; cette crête forme la frontière de l'Espagne et de l'Andorre.

Voici l'énumération des plantes récoltées durant l'ascension.

1° A la jasse d'*Ayguas-Juntas* (1940 m.) :

Leucanthemum alpinum Lamk.,
    id.   id. S.-*Var* roseum Marc.-d'Aym.
Vaccinium Myrtillus L.,
Rosa pyrenaica Gouan

Gnaphalium silvaticum L.,
Phyteuma spicatum L.,
Polygonum viviparum L.,
Festuca duriuscula L.,
    etc.

---

(1) Le mot *pleitte* signifie laiterie, et aussi « endroit plat » où d'ordinaire pacagent et couchent les brebis. On emploie aussi le mot *Jasse* (du latin *Jacere*) pour les troupeaux de moutons, de vaches, de chevaux, etc.

(2) Dans l'Ariège, l'Aude et les Pyrénées-Orientales, on nomme *Mouillères*, les plaines tourbeuses et marécageuses occupant l'emplacement d'un ancien lac comblé par la végétation aquatique. En un mot une « mouillère » est simplement un espace mouillé.

2° Près de la passerelle de *Fanoil* (2030 m.) :

Saxifraga aquatica L.,
Sedum alpestre Vill.,
Epilobium spicatum Lamk.,
Hieracium lividulum Arv.-Touv.,
— prasiophæum Arv.-Touv., et Gautier,
— fragile Jord.,

3° A la jasse du ressaut de *Goudelens* (2090 m.) :

Sisymbrium pinnatifidum D C.,
Alchimilla alpina L.,
Meum athamanticum Jacq,
Senecio Tournefortii Lap.,
Gentiana Burseri Lap.,
Euphorbia Cyparissias L.,
Juncus nigritellus Don (non Koch),
Carex leporina L. var. atrofusca Christ,
Festuca spadicea L.,
Agrostis diffusa Host.,

4° A la jasse du *Salt del aygua* (2190 m.) :

Juncus trifidus L., *Agrostis rupestris* All., *Festuca duriuscula* L. var. *glauca* K., etc.

Une halte de quelques minutes, nous permet de reprendre haleine, et de boire à une délicieuse fontaine (temp. 3° centigr.).

A la *Jasse* ou *pleitte* de Coma-Pedrosa (2340 m.) nous récoltons les plantes suivantes non encore observées (1) :

Anemone apiifolia Wulf.,
Saxifraga stellaris L.,
Angelica pyrenæa Spreng.,
Antennaria dioica Gærtn.,
Arnica montana L.,
Hieracium Auricula L. var. nana Nym.,
Vaccinium uliginosum L.,
Jasione humilis Pers.,
Plantago monosperma Pourr.,
Pedicularis mixta Gren.,
Scirpus cæspitosus L.,
Phleum alpinum L.,
Poa alpina L.,
— minor Gaud.,
Nardus stricta L.,

En montant de cette jasse au puig de Coma-Pedrosa :

A 2450 m. ; *Silene rupestris* L., *Viola valderia* DC. (*V. cenisia* L. var. *vestita* G. et G.) qui abonde jusqu'au sommet du pic, *Erigeron frigidus* Boiss., (même observation), *Jasione perennis* L. var. *pygmæa* G. et G., *Phyteuma hemisphæricum* L. et sa var. *pygmæum* Timb., *Linaria petræa* Jord., *Festuca duriuscula* L., etc., et à 2500 m. : *Luzula pediformis* DC., *Festuca eskia* Ram.

Quelques instants de repos étaient nécessaires ; la forte déclivité du sol nous oblige de laisser nos montures. Nous nous réconfortons avant de quitter le torrent et de nous élever par les nombreux lacets d'un sentier de moutons, dit *las Marradas*, (2) jusqu'au petit lac Nègre (*estany Nègre inferior*) de la Coma-Pedrosa, situé à 2610 m. d'alt. d'après nos obser-

---

(1) Pour éviter les répétitions inutiles, nous ne nommerons pas une deuxième fois dans nos listes les plantes déjà signalées dans la première partie de chaque excursion.

(2) Le mot *marra* signifie: bélier et par extension mouton.

vations barométriques et ayant environ 120 mètres de longueur sur 50 mètres de largeur.

A 2520 m. nous avons récolté deux intéressantes mousses : *Philonotis fontana* Brid. var. *alpina* Schp. et *Dicranum Starkei* W. et Mohr.

A 2610 m. sur les pelouses du lac aux eaux glaciales :

Ranunculus plantagineus All.,
Astrocarpus sesamoideus Gay,
Molopospermum cicutarium DC.,
Leontodon pyrenaicus Gouan,
Gentiana alpina Vill.,
Ajuga pyramidalis L.,
Pedicularis pyrenaica Gay,
Primula integrifolia L.,
Luzula spicata D. C.,
Carex pyrenaica Wahl.,
Allosorus crispus Bernh.,

Quarante mètres plus haut, l'*estany Nègre superior*(2650m.) nous montre des bancs de neige glacée qui flottaient à la surface de ses ondes d'un bleu clair. Nous ne connaissons rien de plus calme que ces lacs de montagne placés au-dessus des orages et que la tempête n'a jamais troublés : image fidèle de ces âmes recueillies qui vivent paisiblement loin des passions du monde.

Nous observons aux bords de ses rives: *Trifolium alpinum* L., *Chrysanthemum minimum* Vill., *Phleum Gerardi* All.,

Des pentes très inclinées, couvertes d'une neige très dure, succèdent à ce lac glacé et occupent le bas du vallon terminal qui précède les éboulis schisteux de Coma-Pedrosa qui ont donné le nom à la montagne : *Coume* ou vallon pierreux ; ces éboulis qui renferment d'intéressantes plantes nous offrent en effet, les suivantes non encore observées ; à 2700 m.: *Oligotrichum hercynicum* Lamk. et DC., *Philonotis fontana* Brid., *Bartramia pomiformis* Hedw., *Dicranum fulvellum* Sm.

A 2750 m.: *Arenaria grandiflora* All., le rarissime *Cerastium pyrenaicum* Gay, (1). *Saxifraga pentadactylites* Lap., *Luzula lutea* DC., *Carex sempervirens* Vill. var. *aurigerana* Marc.-d'Aym., *Orochloa disticha* Link.

A 2800 m.: *Cardamine resedifolia* L., *Silene bryoidea* Jord., *Saxifraga bryoidea* L., *Sax. muscoidea* Wulf. var. *moschata*

---

(1) Le *Cerastium pyrenaicum* Gay, n'est indiqué par Willkomm et Lange, *Prodr fl. hisp.* III, p 637, qu'à la Sierra de Nuria et dans les Pyrénées-Orientales. MM. Rouy et Foucaud, *Fl. de France*, III, p. 213, l'indiquent dans quelques rares localités des Pyrénées-Orientales d'après Lapeyrouse, Marcailhou-d'Ayméric, Xatart, Endress, Foucaud, Gautier, Grenier et Olivier, et dans l'Ariège: au Llaurenti, aux Jassettes, au ppic de la Camisette, au vallon de Boutadiol, d'après Timbal. Aux localités signalées ar ces botanistes nous ajouterons les suivantes, où nous avons découvert cette rarissime plante: micaschistes de la crête de Rioulred au S. E. du pic de Montcalm (à 2850 m.), *Ariège*. 23 Sept. 1386; éboulis schisteux émiettés de la Coma-Pedrosa (à 2750 m. et à 2800 m.), *Andorre*, 18 juillet 1896; éboulis schisteux du versant oriental du pic Carlitte (à 2750 m.), au-dessus du lac glacé, *Pyr.-Or*, 10 Sept. 1895. Ces trois localités sont *nouvelles pour la flore pyrénéenne*.

G. et G., *Aronicum scorpioideum* K. var. *pyrenaicum* Gay, *Armeria alpina* Willd.

A 2850 m. : *Alsine recurva* Wahlenbg., *Galium cometerrhizum* Lap.,

A 2900 m.: *Saxifraga palmata* Lap., *Carex curvula* All.,

Nos jarrets redoublent d'efforts ; le bâton ferré (*alpenstock*) nous est d'une grande utilité. Dans le mouvement ascensionnel en effet il allège le poids du corps, tandis qu'à la descente il offre un point d'appui qui donne aux mouvements de l'assurance et de la fermeté.

Le panorama devient plus vaste, les obstacles semblent s'abaisser devant nous et à 2 h. 25 nous atteignons le sommet. Un hourra retentit et nous plantons avec joie nos alpenstocks sur le front sublime du pic!

PANORAMA : Quel beau spectacle se déroule alors à nos yeux étonnés, sous un ciel d'un bleu azuré qui dénote les altitudes élevées ! Nous ne saurions mieux faire que de reproduire la description d'un alpiniste éprouvé M. Maurice Gourdon qui en a opéré l'ascension au mois de Juillet 1881, en compagnie de M. E. Belloc. « L'Andorre entière se déroule à vos yeux : les crêtes s'échelonnent, les vallées où errent seulement quelques légers cirrus, se dessinent les unes après les autres ; on pourrait en compter tous les pics. Voici d'abord le Mañat (2690 m.) au-dessus de San-Julia de Loria ; puis le Casamanya (2743 m.) et l'Estanyo (2911 m.) sur la rive droite du Valira près du village d'Ordino. Là-bas, se dresse à la limite extrême de l'Andorre, le pic de Campcardos (2914 m.), puis le pic Nègre de Valira (2812 m.) escorté du massif lacustre des Pessons au S. et dominant, à une certaine distance, les sources de l'Ariège et les ports de Saldeu (2574 m.) et de Fray-Miquel (2445 m.).

« Sur la frontière ariégeoise, on distingue les ports de Bagnels (2545 m.) et de Siguer (2365 m.), les pics de Serrère (2911 m.), de Rialp (2903 m.), de Tristanya (2879 m.) et de las Bareytes (2865 m.) ; plus à l'O. les géants de la contrée, les trois pointes d'Estax (3011 m., 3070 m., 3141 m.,) et le majestueux Mont-Calm (3080 m.).

« Vers le Sud et le S.-E. s'estompent les plaines ensoleillées de la fertile conque de la Seo-d'Urgel et celles de la Catalogne avec les Sierras de Boumort (2071 m.) et de Cadi (2627 m.). A l'Occident, se pressent tumultueusement les vallées et les pics du Haut-Paillars, région sauvage, l'une des plus belles de la Catalogne » (1).

---

(1) Nous avons reproduit *in-extenso* la description de M. Gourdon, *Bull. Soc. Ramond*, n° d'octobre 1885, mais en y ajoutant entre parenthèses les altitudes de tous les pics.

La première ascension du pic (*puig*, en catalan, *pico*, en castillan) de Coma-Pedrosa a été accomplie, le 18 septembre 1878, par M. le comte Roger de Monts (1), en l'abordant par le vallon d'Arinsall ; c'est le même itinéraire qui a été suivi, en Juillet 1881, par M. Gourdon, et le 18 juillet 1894 par nous.

M. le comte de Saint-Saud, y est monté le 28 juillet 1886, par le vallon de Vall-Aygua, c'est-à-dire par le Nord ; le récit de son intéressante course a paru dans l'Annuaire du Club-Alpin Français (2) sous le titre de : *Ariège, Andorre et Catalogne* :... § III... *pic de la Coma-Pedrosa* (2946 m.), Andorre.

M. de Saint-Saud a démontré que contrairement au traité de délimitation entre l'Andorre et l'Espagne, cité par Bladé (3) le pic de Coma-Pedrosa est entièrement en Andorre, mais séparé de la France par une déchirure profonde, et de l'Espagne par un vallon lacustre.

Nous jouissons d'un coup d'œil admirable, par un temps d'une clarté remarquable ; pas un nuage au ciel, pas le moindre bruit venant troubler le silence de ce lieu désert où planent l'aigle et le vautour. Nous relevons sur notre carnet quelques observations topographiques et l'empreinte fossile d'un serpent sur une dalle schisteuse, à une quinzaine de mètres sous le sommet.

Notre orientation est la suivante : au N. pic de la *Roca Entravessada* (2907 m.), au S. vallons (*comas*) de Setoria et d'Os-de-Balaguer ; à l'E. crête reliant les puigs de Casamanya à ceux d'Estanyo et de Serrère (4), ces deux derniers pics ayant exactement la même altitude (2911 m.).

A l'O. l'imposant massif de la Sierra de Monteixo dont le point culminant atteint 2904 m.

Géologie. — D'après M. J. Roussel (*Carte géologique des Pyrénées*, de Perpignan à Bordères) (5) le puig de Coma-Pedrosa se trouve dans le silurien moyen, sur la même bande que le col de Puymaurens, le port et le hameau de Saldeu la haute vallée du Valira del Nort, etc.; cette bande se prolonge en Espagne dans le vall-Ferrera, dans la vallée de Cardos etc. — Elle est contiguë au N. au silurien inférieur et au S. au silurien supérieur.

---

(1) La Mont-Joie (*mountjoye* en catalan) ou tourelle en pierres sèches du sommet contenait encore en effet la carte de visite à demi effacée de M. le comte R. de Monts, au château de Bellegarde par Masscube (Gers), avec la date de son ascension.
(2) 13° année (1886) p. 180-188.
(3) *Etudes géographiques sur l'Andorre*, p. 37.
(4) Le puig de Serrère a été gravi pour la première fois, par nous, le 16 septembre 1896 ; il porte à son sommet une tourelle dressée par nos guides et contenant à sa base, dans une boîte de fer blanc, le procès-verbal de l'ascension. (Voir *Bulletin de la Soc. Ramond*. XXXII° année, 2° Série, tome II, 1er trimestre 1897, p. 5-23).
(5) Bull. des services de la carte géologique de France et des topographies souterraines. N° 35 tome V. pl. IV. fig. 6 (1893-94).

La composition pétrographique des schistes qui forment le massif de Coma-Pedrosa est la suivante : schistes fibreux et quartzifères, schistes argileux, rouillés à l'air ou noirâtres (1).

ALTITUDE. — La hauteur du puig de Coma-Pedrosa est de 2946 m., d'après les observations de MM. le comte de Saint-Saud et V. Huot et les calculs de M. le commandant Prudent (2) aujourd'hui colonel. Cette côte est reproduite sur la carte de France au 100,000°, dressée par ordre du Ministre de l'Intérieur (feuille XV, 38, *Perles* tirage de 1893). La carte des vallées d'Andorre, de M. F. Deverell, plus ancienne (1890) attribue à ce pic 3011 m. d'altitude, d'après les premiers travaux de géodésie exécutés par M. Fr. Schrader. Nos observations barométriques nous ont donné le chiffre de 2950 m. On doit donc considérer comme exacte la cote de 2946 m., et erronée celle du *Guide* Joanne (*Itinéraire général de la France*, Pyrénées, p. 476 de l'édition de 1890) qui donne à ce pic 2970 m.

FLORE. — Voici l'énumération de toutes les plantes observées par notre frère et par nous au sommet du pic. Nous marquerons d'un astérisque, celles qui ont été déjà récoltées précédemment.

1° Phanérogames :

Silene acaulis L. var. exscapa All., (*pro specie*).
* Alsine recurva Wahl.
— Cherleri Fenzl,
* Viola valderia D C.
Hutchinsia alpina R. Br.
Lotus corniculatus L. var. alpinus Ser.
Sempervivum pygmæum Timb.
Saxifraga nervosa Lap.
* — bryoidea L.
* — palmata Lap.
* — pentadactylites Lap.
* — muscoidea Wulf. var. moschata G. G.
* Chrysanthemum minimum Vill.
* Erigeron frigidus Boiss.
* Galium cometerrhizum Lap.
Thymus nervosus Gay,
* Linaria alpina Mill.

Juncus trifidus L. var. monanthos Jacq., (*pro specie*).
Poa alpina L. var. brevifolia D C.
Festuca pilosa Hall.

2° Cryptogames :

Lichens
Platysma nivale Nyl.
— juniperinum Nyl.
Cetraria aculeata Fries,
Gyrophora proboscidea Ach.
Placodium oxytonum D C.
etc.

Mousses
* Oligotrichum hercynicum DC.
Pogonatum alpinum Rœhl.
Grimmia ovata Br. Eur.
Webera polymorpha Hoppe,
Barbula tortuosa Webb.
Dicranum spadiceum Zetterst.
* — fulvellum Sm.

---

(1) J. Roussel. *Étude stratigraphique des Pyrénées*, p. 82 du Bull. des services de la carte géologique de France etc. N° 35, tome V., planche I, fig. III, profil 204.

(2) *Annuaire du Club-Alpin Français*, 13° année (1896) p. 657. Relevés hypsométriques résultant d'observations faites par les membres du C. A. F. et calculées par le commandant du génie Prudent. Comte de Saint-Saud : *Ariège, Andorre et Catalogne*.

Il est vivement regrettable que le temps nous fasse défaut pour compléter notre catalogue, mais il faut songer à la descente et s'arracher au magnifique spectacle qui s'offre encore à nos yeux ravis.

Nos sacs vite bouclés, nous repartons à 3 heures 15, par le même itinéraire, pour arriver à Arinsall à 7 heures du soir. Assis sur un tronc d'arbre, près d'un canal d'irrigation, nous faisons près de ce hameau une excellente collation, mais, la nuit arrive, enveloppant d'un ténébreux mystère toute la vallée. Deux heures de marche nous séparent de la Massana.

Nous hâtons le pas, et à 9 heures 20 nous frappons à la porte de l'auberge *Palanques* tenue par Francisco Molné.

Je n'essaierai pas de vous décrire l'intérieur de ce refuge d'une propreté douteuse, son escalier avec corde graisseuse pour rampe, ses mauvais lits remplis de parasites suceurs qui nous empêchent de prendre un repos justement mérité par une course de 17 heures de marche !

Connaissez-vous les cruelles angoisses du touriste qui, à la suite d'une journée bien remplie au point de vue de l'exercice du corps, ne peut satisfaire le besoin impérieux de dormir ? Ces maudits parasites ont dû être créés pour exercer la patience du pauvre voyageur harassé de fatigue. Quelle nuit ! quels souvenirs *cuisants* ! Notre sommeil fut entrecoupé de cauchemars.

Aussi nous nous hâtâmes dès la première heure du jour de quitter le gîte inhospitalier que nous signalons d'une façon toute spéciale à nos collègues en alpinisme.

JOURNÉE DU 19 JUILLET

Visite de La Massana et d'Ordino
Retour à Andorre-la-Vieille.

La Massana, l'un des bourgs les plus peuplés de l'Andorre, est bâtie sur une éminence, à 1270 m. d'altitude moyenne, au débouché du vallon d'Arinsall. Son église, à clocher carré, dont le portail est au millésime de 1662, n'a pas de fenêtre ; elle reçoit le jour par une ouverture en forme de lune sur la tribune et possède un riche retable doré. C'est d'ailleurs la seule curiosité à visiter.

A 8 heures 25, nous passons près du confluent du riu d'Arinsall avec le Valira del Nort, sur un pont formé de troncs de pins équarris (1250 m.) qui nous amène sur la rive droite de ce dernier torrent. A une gorge étroite dont les parois de rochers sont rongés par l'alun et l'oxyde de fer, succède un riant bassin de verdoyantes prairies dont *Ordino* occupe le centre. Ici, le riu de Sigodet ou del Ensegu vient mêler ses eaux à celles du Valira.

1. Le massif de Coma-Pedrosa (2,946 m.), le plus haut sommet de l'Andorre. — 2. Le rio Valira del Nort, près d'Ordino (Andorre). — 3. Place d'Andorre-la-Vieille et maison de Bonaventure Guilhemo (Andorre).

Rien de bien remarquable dans ce dernier village, une des six paroisses d'Andorre (comme La Massana), peuplé de 500 âmes environ.

Les auberges (*hostals*) de *Ton del jan* et de *Valentin Gaspar* sont, à ce qu'il paraît, assez confortables, mais nous nous méfions trop des noirceurs de la cuisine andorrane pour en faire l'essai. L'église située à la partie supérieure du village (1350 m.) est bien ornée et possède un Christ en bois du XVe siècle.

A peu de distance, entre le hameau de Sornas et Ordino, s'élève sur un monticule, la tour ruinée (8 m. de hauteur environ), dite le *Castell de la Meca*. Les Andorrans lui attribuent une origine mauresque, quoiqu'elle paraisse, par son architecture, dater seulement de l'époque féodale, probablement du douzième ou treizième siècle.

Dans la paroisse de San-Juliá, existe une autre tour ruinée nommée *la Seca*. Aussi dit-on, en parlant d'une personne qui a beaucoup voyagé : « *Ha seguit la Seca, y la Meca y la vall de Andorra* » (1). Ce proverbe populaire, souvent renforcé d'une idée de moquerie, est très usité dans la Catalogne et même dans le Roussillon.

Voici l'énumération des plantes récoltées sous le village et dans le village même :

Helleborus occidentalis Reut.,
Reseda lutea L.,
Sanguisorba montana Jord.
Paronychia serpyllifolia D C.
Galium verum L
Valeriana officinalis L.
Cirsium rivulare Link.
Tragopogon pratensis L.

Verbascum Lychnitis L.
Digitalis lutea L.
Lycopsis arvensis L.
Globularia nana Lamk.
Polygonum Bistorta L.
Briza media L.
Festuca elatior L.

etc.

Nous dévalons rapidement vers le Valira et vers son confluent avec le riu d'Arinsall ; les plantes suivantes s'offrent à nous :

Spiræa Ulmaria L., *Poterium Sanguisorba* L., *Centaurea carpetana* Boiss. et Reut., *Achillea alpicola* Heimerl, *Achillea odorata* L. ?

Au lieu de revenir à La Massana, nous gravissons directement les pentes N. E. du monticule des Maures dit aussi *Serra del honor* dont nous avons déjà parlé précédemment ; nous avons la bonne fortune d'y récolter, à 1350 m. d'altitude, les trois plantes suivantes non encore observées : *Dianthus*

---

(1) « Il a suivi (le chemin) de la Seca à la Meca et (par conséquent) la vallée d'Andorre.

neglectus Lois., *Achillea odorata* L. *var nana* Marc.-d'Aym. (1), *Plantago carinata* Schrad.,

Plus bas, l'herborisation des rochers qui avoisinent la chapelle de Sant Antoni (1180 m.), nous fournit :

Rhamnus alpinus L.
Asperula Cynanchica L. var capillacea Willk.
Santolina pectinata Lag.
Lactuca perennis L. ?
Antirrhinum molle L. !
Thymus vulgaris L.
Globularia repens Pourr.
Trisetum flavescens P. B.

Plus loin encore, les rochers des alentours du *pont Plá*, (1140 m.) nous donnent les plantes qui suivent :

Roripa pyrenaica Spach,
Biscutella saxatilis Schl.
Silene Saxifraga L.
Dianthus attenuatus Smith,
Arenaria serpyllifolia L.
Hypericum perforatum L.
— quadrangulum L.
Sedum anglicum Huds.
Paronychia serpyllifolia D C.
Epilobium molle Lamk.
— obscurum Schreb.
— lanceolatum Seb. et Maur.
Galium maritimum L.
Valeriana angustifolia Tausch
Cirsium monpessulanum All.
Leucanthemum commutatum Martr. et Timbal.
Hieracium andurense Arv.-T. (*sp. nov.*)
Campanula rotundifolia L.
Calluna vulgaris Salisb.
Calamintha Acinos Clairv.
Brunella Tournefortii Timb.
Vincetoxicum officinale Mœnch.,
Rumex scutatus L.
Juncus silvaticus Reich.
Carex muricata L.
Poa nemoralis L.
Vulpia Pseudo-Myuros Rchb.
etc.

La vallée qui s'est élargie entre les ponts de *Sant-Antoni* et *Plá*, présente ce point de verdoyantes prairies dont la fraicheur est entretenue par des canaux d'irrigation ; elle se rétrécit bientôt pour encaisser le torrent à une grande profondeur. Le chemin, connu sous le nom de *Cami Grella*, tourne droit à l'O. en quittant les rives du Valira ; il monte sur un promontoire rocheux où nous retrouvons le *Dianthus attenuatus* Sm. et d'où la vue s'étend sur le charmant bassin des Escaldas. Nous laissons à notre gauche le chemin qui conduit au pont des *Escalls* (1100 m.).

Onze heures et demie sonnaient à l'horloge de l'église d'Andorre, lorsque nous entrions à *l'hostal de Calounés* déjà connu de nous tous.

L'après-midi fut utilisée par nous à la préparation et au séchage des plantes (la plupart rares), tandis que nos compagnons faisaient une sieste.

---

(1) Willkomm et Lange ont peut-être eu en vue cette plante lorsqu'ils disent : (*Prodr, fl. hisp.* II p. 77.) « forma plantæ hispanicæ macra humilis constituit *A. setaceam* Loscos et Pardo *Ser. inconf.* non Willk. »

JOURNÉE DU 20 JUILLET.
Vallon de riu Madriu
Ascension au puig dels Pessons.

Le lendemain, nous sommes debout dès l'aurore. Le soleil dore bientôt les sommets environnants, tandis que la vallée est encore noyée dans l'ombre. Nous quittons à 5 heures, la *capitale* de l'Andorre, dispos et pleins d'ardeur, malgré les fatigues de l'ascension de la Coma-Pedrosa, tant est vivifiante l'atmosphère des montagnes.

Nous passons au pont des *Escalls* et au hameau d'*Engordany* pour arriver aux *Escaldas* (1120 m.). Dans les rues de ce village, nous observons la température de deux sources thermales qui alimentent un lavoir public ; l'une a 41° centigrades, l'autre 60°. Une visite rapide aux thermes ? de cette localité et à la belle chute de 45 mètres de hauteur formée par le riu Madriu (1) avant sa jonction avec le Valira del Orien et surtout la recherche d'un guide nous arrêtent quelques instants. On trouve encore dans ce bourg assez important et du plus charmant aspect, des métiers à tisser, qui depuis des siècles ne se sont jamais transformés et sur lesquels se tissent des étoffes grossières à l'usage des Andorrans. Mais nous ne nous attardons pas à les visiter, car le programme de la journée est très chargé, et il importe de compter les arrêts ou haltes.

Par un chemin en pente raide, nous montons vers le S. E., sur la rive gauche du riu Madriu. Au milieu d'une belle végétation, ce torrent se précipite de roc en roc avec fracas ; l'eau est tantôt blanche et écumante, tantôt d'un beau vert lumineux dans les parties les plus calmes.

Les vertes prairies que nous cotoyons (1200 m.) nous offrent quelques jolies plantes fleuries : *Aconitum pyrenaicum* Lamk., *Heracleum setosum* Lap., *Campanula glomerata* L., *Digitalis lutea* L., *Lycopsis arvensis* L., etc...

Trois quarts d'heure après environ, nous franchissons le riu Madriu sur la passerelle en bois de *Sassanat* (ou *Sassenac* ; nous récoltons : *Cirsium rivulare* Link., *Knautia silvatica* Duby, etc.., puis nous laissons à côté de nous la métairie (*borda*) dite de *Ton del Quim*. Notre attention est ici attirée par les diverses modifications du terrain. Çà et là, gisent épars des blocs erratiques de schistes calcaires, tandis que la vallée est granitique.

Nous sommes ici en effet sur la grande bande de granite

---
(1) Le mot *riu*, en catalan, correspond au mot castillan *rio* qui signifie « rivière ». C'est donc à tort que la Carte d'Etat-Major au 320.000° donne à cette rivière le nom de *R. Romadriu*; cette erreur est reproduite dans la *Mapa de las Valls de Andorra*, de M. F. Deverell, déjà citée.

éruptif ou typique qui s'étend des bords de la Têt, à l'E. et à l'O. de Montlouis (Pyrénées-Orientales), aux rives du Gran Valira, près du hameau de Santa-Coloma, en aval d'Andorre-la-Vieille...

Cette bande granitique, large de plusieurs kilomètres dans la majeure partie de son parcours est composée d'un granite partout à mica noir, et porphyroide dans la partie orientale de l'affleurement.

D'après la *carte géologique des massifs du Canigou et de l'Albère* qui accompagne l'étude stratigraphique de ces mêmes massifs montagneux par M. le Dr J. Roussel (1), cette bande granitique, très étroite en Andorre, de Santa-Coloma aux Escaldas, s'élarg t dans la vallée du riu Madriu, et a pour limites en se dirigeant vers Montlouis : 1° au N. et N. E., le cirque des Pessons, les massifs de Font-nègre, de Font-frède, du Col Rouge, et du Carlitte, les montagnes du Capsir et de Montlouis ; 2° au S. et au S. E., la vallée de la Llosa (Cobarriu, Viliella, Martinetto), les étangs de Guils et de Maranges, en Espagne, le massif de Campcardos (Pyrénées-Orientales) et une ligne passant par les villages de la Tour-de-Carol, Angoustrine, Targassonne, Bolquère, Montlouis, etc...

Après cette digression géologique, reprenons le cours de notre récit.

Le chemin s'éloigne du torrent et monte en zigzags vers l'E. pour pénétrer dans une belle forêt de pins, avant d'atteindre les *bordas* de *Tramesaygues* (2) situées à 1500 m. d'altitude et que les Andorrans nomment *Entremesayguas*.

Comme son nom l'indique, ce *poblet* est situé « entre les eaux », c'est-à-dire au confluent du torrent de *la Nou*, venant de l'étang de ce nom avec le riu Madriu.

Ici finissent les prairies et les champs. Nous récoltons : *Cirsium lancolatum* Scop., *Armeria Mulleri* Timbal *non* Huet du Pav., *Senecio viscosus* L.,

Nous entrons dans le *Vall Civera* ; chemin faisant, nous passons successivement devant les *bordas del Ramio* (1580 m.), la fontaine de *Font-verd* (temp. 6° centigr. 1700 m.) renommée dans la contrée, et au *Roc del Estall* (1720 m.) par une série de ressauts avant d'arriver à un petit plateau dénommé le *Collet del Infern* sur lequel l'on aperçoit encore les vestiges

---

(1) Bulletin des services de la carte géologique de la France et des topographies souterraines. N° 52, tome VIII, 1896-1897, planche 3.

(2) Dans les Pyrénées le nom de *Tramesaygues* a été donné à plusieurs localités. Nous citerons : 1° Dans les Hautes-Pyrénées : le hameau situé au confluent des Nestes de la Pez et de Clarabide, dans le val de Louron ; les cabanes placées à la jonction du Gave d'Arises et de l'Adour. 2° dans l'Ariège : le village connu aussi sous le nom d'*Audressein*, canton de Castillon, au confluent du Lez et de la Bouigane ; 3° dans la Haute-Garonne : le hameau appelé aussi *Picarrou* et situé près du confluent de l'Ariège et du l'Hers, en aval de l'ancienne abbaye de Boulbonne.

d'une ancienne forge à la catalane dite la *farga del riu Madriu* (1820 m.); cent mètres plus haut nous traversons la jasse de *Citut* (1930 m.). Voici la liste des plantes observées ou récoltées dans ce trajet.

1° Aux alentours des *bordas del Ramio* (1580 m.) :

Aconitum Napellus L.
Sisymbrium acutangulum D C.
Alyssum calycinum L.
Viola luteola Jord.
Epilobium spicatum Lamk.
Ribes alpinum L.
Lonicera Xylosteum L.
Achillea pyrenaica Sibth.
Hieracium andurense Arv.-Touv.
(sp. nov).

Erysimum ochrolencum D C.
Vincetoxicum officinale Mœnch
Digitalis lutea L.
Scrofularia canina L.
Lamium album L.
Allium foliosum Clarion.
Avena precatoria Thuill.

2° Aux abords de la fontaine de *Font-verd* (1700 m.) :

Aconitum Napellus L. var., *Lobelianum* Rchb., *Ranunculus aconitifolius* L., *Cardamine amara* L., *Silene Saxifraga* L., *Carum Carvi* L., *Myosotis intermedia* Link.

3° Près du *Roc del Estall* (ou *Estail*) 1720 m. :

Sinapis Cheiranthus K. var. corbariensis Rouy et Fouc.
Cerastium lanatum Lamk.
Eryngium Bourgati Gouan.
Rhododendrum ferrugineum L.

Pedicularis verticillata L.
Saxifraga Aizoon Jq. var. orophila Jt. et Timb.
Agrostis difusa Host.
Bromus divaricatus Rohde.

4° Près de l'ancienne forge du riu Madriu (1820 m.) :

Trifolium alpinum L.
Sedum villosum L.
Molopospermum cicutarium D C.
Arnica montana L.
Antennaria dioica Gærtn.

Leontodon pyrenaicus Gouan.
Plantago alpina L.
Phleum alpinum L.
Poa minor Gaud.
Festuca duriuscula L.

5° A la jasse de *Citut* (1930 m.) :

Silene rupestris L.
Senecio Tournefortii Lap.
Solidago alpestris W. et K.
Hieracium pumilum Lap.

Phyteuma hemisphæricum L.
Gentiana pyrenaica L.
Pedicularis mixta Gren.
Festuca curvula Gaud.

Trois quarts d'heure de marche, au travers de verdoyantes pelouses, nous séparent du *pla del Incla* (ou *Ingla*), vaste pâturage où paissent de nombreux moutons (2050 m.). Nous récoltons en ce lieu, quelques plantes non encore observées : *Lychnis alpina* L., *Meum Athamanticum* Jq., *Leontodon hispidus* L. var. *crispatus* Godr., *Agrostis rupestris* All., etc.

Maintenant l'ascension devient plus rude, les pentes s'accentuent ; à 11 heures nous arrivons sous les chaudes ardeurs du soleil aux *estanys forcats* (ou mieux *furcats*) ainsi nommés à cause de la forme fourchue ou bifurquée du lac le plus important (2330 m.).

Nous nous installons pour notre déjeuner auprès d'une fontaine délicieuse, dont la température est de 4°,5 centigrades.

Le premier lac, qui renferme de nombreux têtards, mesure approximativement 100 m. de largeur sur 80 m. de longueur et ne paraît pas poissonneux.

Le deuxième, beaucoup plus vaste, (environ 900 m. de longueur sur 500 m. de largeur), présente l'aspect d'un gigantesque estomac si on l'examine de la rive orientale. Toutes ses rives sont couvertes d'*Isoetes Brochoni* Motelay et de *Subularia aquatica* L. à une profondeur variant de 0 m. 40 à 1 mètre et plus. Nous faisons une ample provision de ces deux rares plantes lacustres (1). Ce lac est très poissonneux malgré son altitude. Sur ses ondes limpides et d'un bleu d'azur flottent le *Ranunculus aquatilis* L. var. *rhipiphyllus* Bast. *(pr. specie)*, et le *Potamogeton rufescens* Schrad.,; de nombreux pieds de *Carex vesicaria* L. occupent un des côtés de ce lac.

Sur les pelouses et les rochers qui l'entourent et aux environs de la fontaine où nous avons réparé nos forces, nous récoltons (2) :

Silene ciliata Pourr.
Astrocarpus sesamoideus Gay.
Erigeron frigidus Boiss.
Gnaphalium silvaticum L.
Leucanthemum alpinum Lamk,
   S.-var. roseum, Marc.-d'Aym.
Vaccinium uliginosum L.
Veronica saxatilis Jq.
   — tenella All.
Linaria petræa Jord.
Pinguicula vulgaris L.
Primula integrifolia L.
Ajuga pyramidalis L.
Armeria alpina Willd.
Chenopodium Bonus-Henricus L.

Saxifraga muscoidea Wulf. var.
   moschata G. et G.
Polygonum viviparum L.
Luzula spicata DC.
   — congesta Lej.
Juncus nigritellus Don (non Koch).
Carex frigida All.
   — vesicaria L.
   — mixta Miègeville.
Scirpus cæspitosus L.
Alopecurus geniculatus L.
Phleum commutatum Gaud.
Poa alpina L.
   — distichophylla Gaud.

---

(1) Nous avons suffisamment démontré, dans diverses publications botaniques en collaboration avec notre frère, que ces deux plantes indiquées pour la région pyrénéenne comme rarissimes dans quelques lacs des Pyrénées-Orientales et dans un seul lac du val d'Aran, étaient abondantes dans tous les lacs poissonneux du bassin de la haute Ariège et du bassin limitrophe de Lanoux (Pyrénées-Orientales). Etendant le cercle de nos investigations, nous avons aussi découvert leur présence dans *tous les lacs poissonneux* du massif granitique du Carlitte et dans ceux du plateau de Camporeils (Pyrénées-Orientales), dans les lacs du canton de Quérigut, et dans ceux des montagnes de Siguer, Anzat, Suc et Gourbit (Ariège). Notre découverte dans les lacs poissonneux du Val d'Andorre, vient encore confirmer l'hypothèse de l'existence de ces deux plantes dans les lacs exclusivement poissonneux.

(2) Pour éviter les répétitions inutiles, nous supprimerons dans cette énumération les plantes déjà observées précédemment.

Et une hépatique : *Marchantia conica* L.

4 heures 05. Nous quittons les rives de ce lac pour nous diriger vers la porteille des Pessons. Successivement nous rencontrons dans notre ascension : 1° un lac mesurant environ 200 m. de longueur sur 70 m. de largeur, non poissonneux ; 2° une nappe d'eau beaucoup plus vaste (approximativement 600 m. de longueur sur 700 m. de largeur) non poissonneuse également, mais renfermant le *Subularia aquatica* L. C'est l'*estany nègre del Mutch* (lac noir du Mutch) situé à 2450 m. d'altitude et dont les eaux d'un bleu très foncé, vu la profondeur, paraissent noires ; d'où, son nom.

Ces deux lacs ne sont indiqués sur aucune carte de l'Andorre.

Voici la liste des plantes observées, en montant des *estanys furcats* au lac noir *del Mutch* :

A 2350 m. : *Anemone vernalis* L., *Primula intricata* G. et G., *Festuca curvula* Gaud.,

A 2400 m. :

Ranunculus plantagineus All.
Anemone apiifolia Wulf.
Cerastium alpinum D C. (non L.)
Cardamine pratensis L.
Jasione perennis Lamk.
— humilis Pers.
Veronica lilacina Town.

Homogyne alpina Cass.
Hieracium Auricula L. var. nana Nym.
Luzula lutea D. C.
Carex membranacea Hoppe.
etc.

A 2420 m. :

Silene acaulis L.
Cardamine resedifolia L.
Trifolium alpinum L. (floribus albis).

Avena montana Vill.
Festuca pilosa Hall.

A 2450 m. et à 2470 m. :

Aux environs du lac noir du Mutch :

Ranunculus montana Willd. var. alpicola Timb. (*pr. specie*).
Alsine recurva Wahlenbg.
Arenaria grandiflora All.
Gentiana alpina Vill.

Pedicularis pyrenaica Gay.
Myosotis alpestris Schm.
Phleum Gerardi All.
Poa varia Schrad.

Un dernier lac, situé à 2490 m., mais dont les eaux très peu profondes déversent dans celui du Mutch, est appelé *estany blanch* (lac blanc).

Sur les pelouses et les rochers qui l'entourent nous récoltons :

Alsine Cherleri Fenzl
Geum montanum L.
Sedum sphæricum Lap.
Loiseleuria procumbens Desv.

Carex vulgaris Fries. var. melæna Wimm.
Festuca alpina Sut.

6 heures 10. Nous arrivons près de la source du riu Madriu (2600 m.) sortant de deux bancs de neige ; à notre droite et au S.-E., nous apercevons les cols ou ports de Montmalus et de Llosa qui conduisent en Espagne, dans la vallée de la Llosa dont le torrent est un affluent important du rio Sègre.

6 h. 50. — Nous parvenons à une échancrure que nous baptisons du nom de *portell dels Pessons* (1), située à 2780 m. d'après nos observations barométriques. Le granite est ici émietté ; nous y récoltons les plantes suivantes non encore observées :

Ranunculus glacialis L. var. holosericeus Gaud.
Draba affinis Host.
Hutchinsia alpina R. Br.
Biscutella pyrenaica Huet du Pav.
Oxytropis campestris D C.
Saxifraga palmata Lap.

Antennaria carpatica Bl. et F.
Galium cometerrhizum Lap.
Linaria alpina Mill. var. pilosa Fouc.
Juncus trifidus L.
Allium schœnoprasum L.

7 heures. — Du *portell dels Pessons*, nous gravissons au N. le *puig dels Pessons* (2865 m.) un des points culminants de cette région, (2) et d'où notre regard plane d'abord sur les vallées principales et secondaires qui composent le val d'Andorre et au loin sur ces cimes millénaires au front desquelles est écrit l'âge du monde. La grande chaîne qui sert de limite à la France et à l'Espagne découpe ses crêtes et ses dentelures sur une vaste étendue ; elle s'élève en face de nous au N. et à l'O. comme un formidable rempart qui nous apparaît plus beau encore en ce moment où le soleil s'abaisse à l'extrême horizon, par la coloration violette des nuages. Au N. et devant la grande chaîne se dresse l'imposante masse bleuâtre de Tabe dont le point culminant (2349 m.) est une de nos vieilles connaissances (3). Notre œil fouille avec volupté les masses rocheuses, les saillants, les arêtes ; la montagne n'est pas

---

(1) Les mots *portell, portella* sont, en catalan, synonymes de col, port, porteille, etc ; les mots *paisson, peisson, pessoun* très employés dans nos anciens dialectes jusqu'au XVᵉ siècle, signifient pâturage, droit de pâture. Les pâturages sont en effet avec les forêts de pins et de hêtres la principale richesse de l'Andorre et la région des Pessons est très recherchée par les troupeaux de vaches, de moutons et de chevaux pour l'excellence de ses pelouses.

(2) Le point le plus élevé est le puig N. d'Ensagens ou *alto del Grio* (2870 m.). Son altitude, comme celle du puig dels Pessons a été établie au moyen de calculs provenant de *tours d'horizon*, relevés des points du terrain, reconnus comme les plus propres à servir d'observatoires, par MM. Fr. Schrader, comte de Saint-Saud, V. Huot et Chesneau ces deux derniers élèves et collaborateurs de M. Schrader. Les calculs ont été faits ou vérifiés par M. le lieutenant-colonel Prudent, attaché au service géographique de l'armée.

Ces altitudes sont rapportées sur la *Carte de France au 100.000ᵉ* dressée par ordre du ministère de l'Intérieur, feuille XV-38, *Perles*, tirage de 1893. Notre baromètre indiquait 2860 m. au sommet du puig dels Pessons.

(3) Nous avons fait plus de dix fois l'ascension du pic St-Barthélemy (2349 m.), souvent en nombreuse compagnie, pour y jouir du beau spectacle du soleil levant.

encore entièrement drapée dans son voile nocturne, mais peu à peu aux reflets mourants de l'astre du jour succède une pénombre qui monte progressivement des vallées jusqu'aux sommets. Aussi songeons-nous à nous arracher à cette sublime contemplation, et à descendre vers le gîte où nous comptons passer la nuit.

Nous plaçons notre carte de visite, avec la date de l'excursion, dans une pyramide de pierres dressée rapidement au sommet de ce pic, que nous ne croyons pas encore vierge ? (1) vu son facile accès, et notons, à la hâte, les 3 plantes suivantes pas encore rencontrées: *Lotus corniculatus* L. var. *alpinus* Ser., *Bartsia alpina* L., *Festuca indigesta* G. et G. an Boiss. ?

De vastes pelouses nous permettent de dévaler avec rapidité vers la région lacustre des Pessons ; bientôt, sous les dernières lueurs crépusculaires il nous faut traverser un vaste amoncellement de rochers tombés sur place de la montagne frappée de la foudre ou à la suite de fortes gelées. Obligation nous est donc faite de prendre des précautions pour franchir ce chaos. De plus, nous sommes fort inquiets du sort de nos bêtes de somme auxquelles on a cependant fait prendre un détour. La lune vient heureusement nous éclairer, mais ce n'est qu'à grand peine et après plusieurs heures de fatigue que notre guide andorran et le muletier Astrié Pastafon, parviennent à dégager nos montures, et à les amener au refuge naturel, le creux d'un rocher où nous dûmes passer la nuit enveloppés dans des couvertures à 2550 m. d'altitude.

Quelle jouissance vivifiante de respirer ainsi à pleins poumons, l'air pur et subtil des hautes altitudes. Nous ne connaissons rien de plus captivant qu'une nuit passée dans la montagne et par un splendide clair de lune. L'on est bercé par le grondement sourd des torrents qui se précipitent dans les gorges profondes en superbes cascades, et troublent le silence imposant de ces solitudes, tandis que parfois quand le vent change de direction, s'élèvent des harmonies d'une douceur infinie et que des orchestrations grandioses aux puissantes sonorités éclatant tout à coup, alternent avec ces harmonies.

Comme l'on dort bien, au milieu de cette nature sauvage, loin de tout souci et des passions humaines, en face de ces pics majestueux mais déchiquetés par les frimas. La monta-

---

(1) Nous avons cependant constaté au sommet l'absence de toute tourelle de pierres ; ce signal a-t-il été démoli par les bergers? Malgré nos actives recherches dans les *Annuaires* du C.-A F., les *Bulletins* de la Société Ramond, la collection de la *Revue des Pyrénées* etc., nous n'avons pu trouver aucune indication, concernant l'exploration du puig dels Pessons et de la région qui l'avoisine, par MM. Gourdon. Schrader, comte de Saint-Saud etc En supposant donc que nous ne soyons point les premiers ascensionnistes de pic, nous avons toujours la priorité de sa description. Cette région est d'ailleurs très incomplète et mal figurée sur toutes les Cartes.

gne, a dit un grand écrivain, est saine pour le corps, saine pour l'esprit, saine pour le cœur. Pour ceux qui ont besoin de refaire leurs forces épuisées par un surmenage intellectuel ou qui aiment l'entraînement du corps et celui de l'esprit, avec le calme et le silence, et surtout la contemplation des grands spectacles naturels, rien ne peut remplacer les courses de montagne intelligemment dirigées.

JOURNÉE DU 21 JUILLET

Exploration des lacs des Pessons
Retour à Ax par le port de Fray-Miquel

Au petit jour nous étions déjà à même d'explorer les multiples *estanys dels Pessons*. Ces petites nappes d'eau forment un ensemble lacustre situé sur une vaste terrasse granitique, où végètent quelques pins à crochets (*Pinus uncinata* Ram.). Toute cette région est mal figurée sur les cartes ; aussi nous devons entrer dans quelques détails topographiques.

On compte 18 lacs de grandeur variable dans le cirque des Pessons. Ces lacs sont répartis dans trois dépressions ou combes séparées les unes des autres par des crêtes peu élevées.

Dans la première dépression, située au-dessous de la porteille des Pessons on en compte deux, non poissonneux.

Dans la seconde dépression, on en rencontre sept, en face et à la base du pic des Pessons. Ils sont tous poissonneux.

Dans la troisième dépression entre les pics des Pessons et d'Ensagens on peut en compter huit, dont un seul, le plus élevé est dépourvu de poissons.

Les eaux de ces trois dépressions, comprenant 17 lacs, la plupart très petits, se réunissent au grand lac, et après avoir traversé un estagnol inférieur (18e lac) se précipitent en superbes cascades vers le *Balira* ou *Valira del Orien;* nous avons déjà dit que cette rivière, l'une des plus importantes de l'Andorre, prenait naissance à l'Est du chapelet lacustre des Pessons et au pied du pic de Valira (2769 m.).

Donnons maintenant le résultat de nos investigations botaniques.

Les deux premiers lacs, non poissonneux, des Pessons, nommés *estanys dels Tartès* (étangs des éboulis), sont à l'altitude de 2540 m. et 2500 m. d'après nos observations personnelles, relevées au moyen d'un baromètre altimétrique éprouvé (1). Sur les rares pelouses et les rochers de leurs rives nous remarquons :

---

(1) Ces deux petits lacs ont approximativement : l'un 150 m. de longueur sur 80 m. de largeur et l'autre 50 m. de longueur sur autant de largeur.

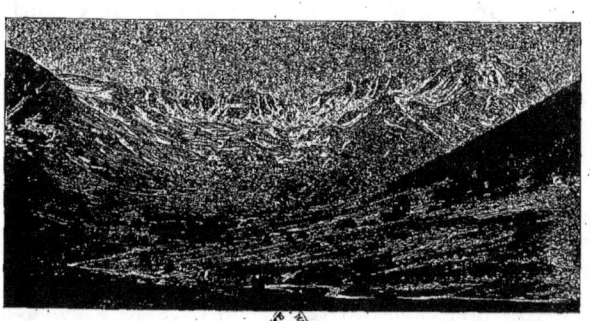

CIRQUE D'EN-VALIRA ET DELS PESSONS (Andorre).
A gauche, dépression du port de Fray-Miquel; à droite, Puig dels Pessons (2,865 m.).

Trollius europæus L.
Sisymbrium pinnatifidum DC.
Dianthus attenuatus Sm.
Alsine Cherleri Fenzl
Arenaria grandiflora All.
Callitriche verna L. ?
Leucanthemum alpinum Lamk.
Loiseleuria procumbens Desv.
Vaccinium uliginosum L.
Gentiana alpina Vill.
Scirpus cæspitosus L.
Carex pyrenaica Wahlbg.
Luzula spicata DC.
Phleum Gerardii All.

Un petit promontoire nous sépare de la Coume ou petit vallon des lacs principaux des Pessons. Nous explorons en effet successivement :

1° L'*estany del Puig* (ou *Pich*) (1) 2510 m., de forme rectangulaire, mesurant environ 200 m. de longueur sur 100 m. de largeur ; malgré sa haute altitude, il est très poissonneux,(2) et nous constatons avec plaisir sur ses bords la présence de l'*Isoetes Brochoni* Mot , et du *Subularia aquatica* L.

Aux alentours croissent aussi les plantes suivantes :

Anemone vernalis L.
Ranunculus pyrenæus L.
Geum montanum L.
Sedum annum L.
Hieracium glanduliferum Hoppe.
Senecio Tournefortii Lap.
Gentiana pyrenaica L.
— verna L.
Bartsia alpina L.
Primula intricata G. G.
Saxifraga stellaris L.
— muscoidea Wulf. var. moschata, G. et G.
Saxifraga aquatica Lap.
Eriophorum capitatum Host
Carex sempervirens Vill., var. aurigerana Marc.-d'Aym.
Carex polyrhiza Wallr.
— mixta Miègeville.

Et les mousses : *Polytrichum gracile* Menz. (très rare dans les Pyrénées), *Webera elongata* Schimp.

2° L'*Estany Entravessat*, ainsi nommé de sa position par rapport au courant de l'eau qui lui arrive en son milieu de l'étang de la Pique. Altitude : 2490 m.; dimensions : 120 m. environ de longueur sur 70 m. de largeur. Vu sa forme allongée on pourrait aussi le nommer : *étang long*. Ses eaux très poissonneuses, nourrissent aussi : *Ranunculus aquatilis* L. var. *rhipiphyllus* Bast. *(pro specie)*, *Subularia aquatica* L., *Isoetes Brochoni* Mot.

Ses rives renferment, outre plusieurs plantes déjà énumé-

---

(1) Nous traduisons le mot *estany* (étang, petit lac) indifféremment par les mots étang ou lac. L'étang de la Pique est ainsi nommé à cause de sa situation à la base du pic *(puig)* ou de la pique *(pich)* des Pessons.

(2) Il n'existe pas, à notre connaissance dans les Pyrénées, d'autre lac renfermant des truites à une aussi grande élévation. Ce fait infirme l'opinion du célèbre explorateur Ramond prétendant qu'il n'y avait plus de poissons au-dessus de 2264 m. d'altitude : lac Noir, au-dessus de celui d'Escoubous, dans les montagnes de Barèges, (Lettre à A. de Humboldt. 28 Mars 1821, *Mém. Soc. Acad. des H.-Pyr.*). Le Dr Jeanbernat dans son étude sur *Les lacs des Pyrénées* (Bull. Soc. Sc. phys. et nat. de Toulouse II. 1874) reproduit (p. 306-310) la lettre de Ramond et élève la limite supérieure de la truite jusqu'à 2400 m. mais sans citer le nom d'un lac placé dans ces conditions.

rées : *Homogyne alpina* Cass., *Veronica alpina* L., *Myosotis alpestris* Schm.

3° L'*Estany superior de las Crevetinas*. (1) Altitude : 2440 m.; dimensions approximatives : 80 m. de longueur sur 50 m. de largeur. Poissonneux. Le milieu de cet étang paraît être rempli d'*Isoetes Brochoni* Motelay.

Ranunculus augustifolius D C.   Armeria alpina Willd.
Cardamine resedifolia L.   Oxyria digyna Campd.
Saxifraga palmata Lap.   Luzula lutea D C.
Primula integrifolia L.

4° L'*Estany inferior de las Crevetinas,* (2) Alt. 2390 m.; dimensions approximatives : 60 m. de longueur sur 50 m. de largeur. Poissonneux. *Dissodon Frœlichianus* Grev. et W. Arn., *Bartramia ithyphylla* Brid., *Dicranoweisia crispula* Lindb., *Aulacommium palustre* Schwægr., muscinées observées sur ses bords.

5° L'*Estagnol de las Herbas*. Dimensions approximatives : 30 m. de longueur sur autant de largeur. Poissonneux, mais rempli de plantes aquatiques : *Carex vesicaria* L. etc.

6° L'*Estany de la Calabassa* ayant la forme d'une gourde ou Calebasse. (3) Altitude : 2370 m.; dimensions approximatives : 100 m. de longueur sur 60 m. de largeur. Poissonneux. Sur les pelouses qui l'entourent, nous récoltons les trois plantes suivantes non encore observées plus haut : *Astrocarpus sesamoideus* Gay, *Veronica lilacina* Town., *Ajuga pyramidalis* L.

7° L'*Estany Gran*, (grand lac), en forme de casque, qui reçoit non seulement les eaux de tous les étangs précédemment nommés, mais encore celles de la troisième combe ou dépression laquelle renferme encore huit étangs, dont sept sont poissonneux et de petite superficie.

Nous regrettons vivement de n'avoir pas eu le temps de les visiter.

Le grand lac, situé à une altitude de 2320 m., mesure approximativement 150 m. de longueur sur 100 m. de largeur; ses eaux nourrissent d'excellentes truites. Nous y constatons aussi la présence du *Subularia aquatica* L. et de l'*Isoetes Brochoni* Mot., à une légère profondeur, et sur ses bords, du *Cerastium trigynum* Vill.

---

(1) Nous nommons ainsi ce lac, à cause des nombreuses crevettines, *Gammarus pulex*, crustacé amphipode de la section des Gammaridés qui y abondent. Les pêcheurs, dont ces crustacés dévorent les filets, ont donné à ce lac le nom d'étang des *Poupocutos*, à défaut de dénomination plus scientifique.

(2) Même observation que pour le précédent.

(3) *Lagenaria vulgaris* Ser., famille des Cucurbitacées. On l'appelle aussi *estany de la roca* (roche) à cause d'un gros rocher qui s'avance vers le milieu du lac.

A une vingtaine de mètres au-dessus du niveau du grand lac, nous rencontrons la *Jasse de Valira* (appelée improprement de l'Embalire). De nombreux moutons y pacagent. Nous constatons encore la présence de : *Anemone vernalis* L.,*Sanguisorba montana* Jord., *Paronychia polygonifolia* DC., *Erigeron pyrenaicus* Rouy,*Plantago alpina* L.,*Agrostis rupestris* All.,

Nos récoltes florales bien empaquetées et chargées sur nos montures, nous nous dirigeons en contournant la montagne, vers le port de Fray-Miquel (2450 m.). Chemin faisant, nous récoltons le joli chardon : *Carduus carlinoideus* Gouan, qui indique les terrains schisteux. Nous venons de quitter en effet le terrain granitique pour pénétrer dans le silurien supérieur et moyen.

A 4 h. 15 nous étions au port de Fray-Miquel et à 7 h. nous entrions à l'Hospitalet.

Aprés un réconfortant repas à l'hôtel Astrié Cousy, nous partons pour Ax-les-Thermes en voiture, et y arrivons à 10 h. 1/2 du soir. Nous étions satisfaits de notre intéressant voyage, de nos récoltes et découvertes botaniques et heureux surtout de retrouver un de ces lits moelleux qu'on apprécie tant après une longue et pénible course.

H^{te} MARCAILHOU D'AYMERIC.

Pharmacien de 1re classe à Ax-les-Thermes (Ariège).

APPENDICE

Bibliographie de l'Andorre

RELEVÉE PAR H[te] MARCAILHOU-D'AYMÉRIC

§ I. — Documents manuscrits du XVIIIe siècle.

1748. *Lo Manual Digest de las valls de Andorra*, manuscrit de 600 pages écrit en catalan et en patois vulgaire du haut pays de l'Ariège, par don Anton Fiter y Rossell, natif d'Ordino.

1797. *Lo Politar* (recueil de renseignements), par A. Puig, curé des Escaldas, résumé du précédent ouvrage.

Ces deux ouvrages sont, d'après l'archiviste Brutails, auparavant à Perpignan, actuellement à Bordeaux, deux compilations manuscrites où sont consignés les usages et traditions des vallées. On a fort exagéré l'importance du *Politar*; c'est une œuvre sans caractère officiel et dépourvue de toute valeur scientifique.

Ces documents sont renfermés au Palais de la vallée *(casa de la vall)* à Andorre-la-Vieille, dans la fameuse *armoire de fer* (qui est en bois de chêne et munie de 6 serrures) au dessus de laquelle on lit: *Arxius y Escripturas de las valls de Andorra.*

§ II. — Documents imprimés des XIXe et XXe siècles.

1823. *De l'Andorre*, opuscule de 80 p. in-8°, sans nom d'auteur, mais attribué à P.-R. de Roussillou, viguier d'Andorre. Toulouse, imp. Hébrail. Une copie ou mieux une contrefaçon de ce livre a été faite, en 1842, par J. Sans cadet, de Bourg-Madame.

1837. *La vallée de l'Ariège et la République d'Andorre*, par Michel Chevalier *(Revue des Deux-Mondes*, tome XII, p. 618 et suiv.)

1838. *Relacio sobre la Vall de Andorra*, del R[t]. Fr. T. J., provicari de Anyos. Opuscule de 60 pages, in-16. Toulouse, imp. de Ph. Montaubin.

1842. *Histoire de la vallée d'Andorre et ses rapports avec le ci-devant comté de Foix*, par M. J. Sans cadet, de Bourg-Madame. Toulouse, imp. A.-N. Dours, éditeur, 122 p. in-24.

*1846. *République de l'Andorre*, article non signé, publié dans *Le Magasin pittoresque*, tome XIV (MDCCCXLVI), pages 126-128. Paris, in-4°.

1848. *Le Val d'Andorre*, opéra comique en trois actes, paroles de M. de Saint-Georges, musique d'Halévy, représenté pour la première fois à l'Opéra-Comique à Paris le 11 novembre 1848.

1849. *Historia de la Republica de Andorra*, par Don L. Dalmau de Baquer. Barcelona, in-12, avec 1 carte.

1851. *Histoire d'Ax et de la vallée d'Andorre*, par H. Castillon (d'Aspet). Toulouse, J. Pitet éditeur, 192 p., in-8°. La vallée d'Andorre occupe les pages 115 à 192 de cet ouvrage.

1854. *Ariège, Andorre et Catalogne*, par L. Boucoiran. Paris, Giraud, éditeur. 202 pages in-8°, avec dessins à la plume et carte de l'Andorre. La partie concernant l'Andorre comprend les pages 165 à 200 de cet ouvrage.

1856. *Lands of Spain and France with an account of a visite to the Republique of Andorre*, by Border. — London. (Pays de l'Espagne et de France avec un récit d'une visite à la République d'Andorre, par Border. — Londres.)

* 1862. *Histoire de l'Andorre*, par H. Castillon (d'Aspet), dans l'*Illustration*. vol. 39, in-f°, p. 396, n° 1008, 21 juin 1862. Vol. 40, p. 218, n° 1022, 27 septembre 1862.

1865. *Lois et coutumes de l'Andorre*. Paris. Durantin, 30 p. in-8°.

1866. *L'Andorre*, par Victorin Vidal. 196 p., in-12. Paris, librairie centrale. 24, boulevard des Italiens.

1866. *De Porté en Andorre par le port de Saldeu*, par le comte Henri Russell-Killough, course V, pages 21 à 24 de ses *Grandes ascensions des Pyrénées*, in-12. Paris, librairie Hachette, et Toulouse, librairie Ed. Privat.

1870. *De l'Andorre*, brochure de 82 p. attribuée à de Baichis (1). Toulouse, imp. Hébrail et Durand.

* 1873. *Trois petites Républiques : Saint-Marin, Andorre, Moresnet*, par Léon Jaybert. Brochure de 80 pages in-8°, Paris.

1874. *Historia y novena de Nostra-Senyora de Meritxell*, patrona general de las Valls de Andorra...per un novici de la Cia de Jesús.—Barcelona, tipografia catolica, carrer de Pi, n° 5, brochure in-16, avec une carte de la vallée d'Andorre (mapa de las valls de Andorra).

1875. *Études géographiques sur la vallée d'Andorre*, avec carte, par J. Bladé. Paris, J. Baer, in-8°.

* 1876. *Le Val d'Andorre*, par Elisée Reclus, dans sa *Nouvelle Géographie Universelle*,, tome 1er, Europe méridionale, p. 841-844 avec carte à 1/375,000 dessinée d'après Vogel, Bladé et l'Etat-Major français. In-4°. Paris, librairie Hachette et Cie.

1877. *Valira del Nort, Ordino ; puig de Casamanya ; d'Ordino à San-Julia de Loria ; de San-Julia à la Seu-d'Urgel*, par A. Lequeutre, dans l'article intitulé : *De Saint-Béat à Bourg-Madame par le versant méridional des Pyrénées* et publié dans l'*Annuaire du C.-A.-F.*, 4e année, 1877, in-8°. Paris, librairie Hachette et Cie.

1878. *Ascension en Andorre : Le puig de Mañat — Le puig d'Estanyo*, par Maurice Gourdon. (*Bulletin de la Société Ramond*, in-8°, Bagnères-de-Bigorre, 4e trimestre 1878, p. 101 à 104.)

1879. *Révolutions andorranes*, par J. Bladé. — Agen.

---

(1) C'est une réédition de l'opuscule portant le même titre, publié en 1823 et attribué à de Roussillou, oncle de M. de Baichis.

* 1881. *La Révolution andorrane* par Louis Clodion, dans l'*Illustration*, vol. 77, in-folio, n° 1982, 1985 et 1986 (19 février 12 mars et 19 mars 1881).

1881. *Une révolution en Andorre*, par V. Vidal (*Le Correspondant*, n° du 20 février 1881, pages 722 à 743).

1882. *Le décret du 3 juin 1882 sur l'Andorre*, article de V. Vidal, publié dans le *Figaro* du 2 juillet 1882 et reproduit en partie par le *Messager de Toulouse* du 6 juillet 1882.

1882. *The valley of Andorra*, by J.-F. Bladé (traduit du français et non mis dans le commerce). Cambridge, 66 p. in-8°, avec 1 carte gravée par Ehrard.

1882. *Les coutumes du pays d'Andorre*, par M. Moras. Discours prononcé à la rentrée de la Cour d'Appel. Toulouse, in-12.

* 1884. *La République d'Andorre* par Léon Bassereau.—Montpellier.

* 1884. *All round Spain by road and rail with a short account of a visite to Andorra*, by F.-H-Deverell. (Voyage circulaire en Espagne par route et chemin de fer avec un court récit d'une visite en Andorre, par F.-H. Deverell. London.)

1884. *La vallée d'Andorre*, par Elie Berthet, traduit en anglais. — Bristol and London, 208 p. in-16.

1884. *La vallée d'Andorre*. Notice sur un voyage dans cette vallée, publiée par Paul Perret, avec carte à 1/250.000 et illustrations de Sadoux, aux pages 435 à 456 de l'*Adour, la Garonne et le pays de Foix*, de ce même auteur. Paris, Oudin éditeur, 1 fort volume in-8°.

1884. *La République d'Andorre et ses cosouverains*, par le comte de Couronnel. (*Le Correspondant*, n° de septembre 1884, pages 871-879.)

1885. *La République d'Andorre*, par G. Bastard. (*Nouvelle Revue*, n° du 1er juillet 1885, pages 122-152.)

1885. *L'Andorre*, par G. Reynald. Discours prononcé le 16 décembre 1885 à la séance solennelle de rentrée de la conférence Portalis. Aix, imp. Remondet-Aubin, 1886, brochure in-8°, 32 pages.

1885. *Excursion au val d'Andorre*, par H^te Marcailhou-d'Ayméric, pages 171 à 177 du *Nouveau guide pratique de l'étranger à la station d'Ax-les-Bains*.— Foix, vol. in-12, imp. Vve Pomiès.

1885. *Origines historiques de la question d'Andorre*, par Ch. Baudon de Mony, élève de l'école des Chartes, 13 p. in-8° extraites de la Bibliogr. de l'Ecole des Chartes, tome XLVI, p. 95-107.

1885. *Reconocimiento fisico-geologico-minero de las valles de Andorra* por Silvio Thos y Codina, avec carte géologique en deux teintes. — Barcelona, imp. Peninsular.

1885 et 1886. *Aux rives de l'Embalire, ou ce que j'ai vu en Andorre*, par Maurice Gourdon (Extr. du *Bull. de la Société Ramond*). In-8°, 3e trimestre 1885 et 1er trimestre 1886, avec une carte-esquisse de ses voyages. Bagnères-de-Bigorre, impr. Cazeneuve.

* 1886. *Andorre.* Article de Brutails avec carte à 1/250,000 dans la *Grande Encyclopédie,* vol. II (1886) pages 1029-1031. Grand in-4°. Paris, Société anonyme de la Grande Encyclopédie, 16 rue de Rennes.
1886. *Ariège, Andorre et Catalogne.....* § III, *puig de la Coma-Pedrosa* (Andorre), § V, *Première ascension du puig de Monturull* (Andorre), par le comte de Saint-Saud, dans l'*Annuaire du Club-Alpin Français,* 13e année, 1886, in-8°, pages 181 à 188 et p. 191 à 194.
1888. *Andorra : Recorts d'un Turista,* par Pierre Vidal, bibliothécaire de la ville de Perpignan. *(Butlleti de l'Associació d'Excursions Catalana,* in-8°, an XI. n° 118-120, juillet-septembre 1888). Barcelona directio et administratio, Calle Porta-Ferrisa, n°13.
1888. *Le Val d'Andorre,* par Gaston Vuillier, avec de nombreuses gravures *(Le Tour du Monde* d'Ed. Charton, 27e année, nos 1414 et 1415, pages 81-112).
1888. *Au val d'Andorre,* par Sutter-Laumann, 168 p. in-12, Paris, Mourlon et Cie éditeurs.
1889. *Excursion botanique en Andorre* (1) les 13 et 14 août 1888, par Hte Marcailhou-d'Aymeric, pharmacien de 1re classe à Ax-les-Thermes (Ariège) (*Revue des Pyrénées,* tome I, pp. 332-352), in-8°, Toulouse, et *Feuille des Jeunes naturalistes,* nos 219, 220 et 221 (janvier, février, mars 1889), Paris, — avec carte hydrographique et routière à 1/250,000.
1890. *Excursions en Andorre,* par Paul Baby, p. 519-541 de son *Guide de route du baigneur et du touriste dans le département de l'Ariège et en Andorre,* avec une carte de la République d'Andorre à l'échelle métrique de 1/180,000. — Foix, vol. in-16, imprimerie Gadrat aîné.
1890. *Deux parisiens dans le val d'Andorre ; Souvenir d'un voyage aux Pyrénées,* par Maurice Gratiot. Evreux et Paris. 151 p. in-12.
1890. *The valley of Andorra,* translated from the French, by F.-H. Deverell. Simpkin, Marshall and Cio, London, and all Booksellers. 20 pages in-12.
1890. *Views of Andorra,* du même auteur ; 40 vues d'Espagne, de l'Ariège et de l'Andorre.
1890. *Mapa de las valls de Andorra,* constructed by F.-H. Deverell, based on the scale of the French Ordnance Survey map (carte de l'Etat-Major) à 1/80,000°, London, Red Lion Square F.-S. Weller lithogr. — (avec la collaboration de Hte Marcailhou-d'Aymeric)
1890. *Constitucion politica y personalidad internacional del principado de Andorra,* por Don Juan de Dios Trias. — Barcelona, Suburena Hermanos, 52 p., in-16.
1890. *Le val d'Andorre,* description des vallées montagnes et ports aux pages 471 à 480 du *Guide Joanne, Pyrénées, partie orientale,* édition de 1890, in-12. Paris librairie Hachette et Cie.

---

(1) Reproduit après corrections et additions dans l'*Annuaire de l'Ariège* pour 1907.

* 1891. *Installation d'un juge d'appellation en Andorre* par Eug. Burnaud, dans l'*Illustration*, vol.97, in-f°, p. 318, n° 2511 (11 avril 1891) et page 335, n° 2512 (18 avril 1891).
1891. *Etude critique sur les origines de la question d'Andorre*, par Brutails (*Revue des Pyrénées*, tome III, pages 960 à 994, in-8° Toulouse).
1891. *Le Transandorran*, par Escande-Voltan. Foix, imp. Gadrat aîné.
1892. *La vallée d'Andorre et les évêques d'Urgel au Moyen-Age*, par Ch. Baudon de Mony (*Revue des Pyrénées*, in-8°, tome IV, pages 562 à 580. Toulouse).
1895. *Las Cortès españolas de 1895 y las franquicias de Andorra* (sans nom d'auteur), Madrid, in-12.
1896. *La Republica de Andorra, guia itineraria* dividada en 42 itineraris y ressenya geografich-historica de las Valls, per En Arthur Osona. — Barcelona, Francisco Altès, 190 p., in-24.

La carte géographique à 1/120,000° jointe à cet ouvrage écrit entièrement en catalan, n'est que la reproduction réduite mais sans nom d'auteur de la *Mapa de las valls de Andorra* publiée en 1890 par F.-H. Deverell (voir précédemment).

1896. *Charte fausse de l'organisation de l'Andorre*, par F. Pasquier, archiviste de l'Ariège (*Bull. historiq. et philologique*. Ministère de l'Instruction publique). Paris, Imp. Nationale; brochure de 8 p. in-8°.
1896. *A travers l'Andorre*, notes d'un alpiniste, par Félix Regnault. Broch. in-8 de 35 p., extraite de l'*Annuaire du C.-A. F.*, 23ᵉ volume.
1897. *Vallée d'Andorre*, par Brutails. (Article paru dans le Bulletin critique régional de la *Revue des Universités du Midi*.)
1897. *En Andorre; une étrange coutume judiciaire*, par Charles Romeu, viguier de France en Andorre. (*Le Tour du Monde*, d'Ed. Charton, nouv. série, 3ᵉ année, livraison n° 49, pages 385-388.)
1897. *Andorre*, article non signé, publié dans le *Nouveau Larrousse illustré*, tome I, p. 293, avec carte à 1/500.000. Paris, grand-in-4°, librairie Larrousse, 17, rue Montparnasse.
1898. *Les vallées d'Andorre*, par J. d'Ireyre, dans la *Revue Encyclopédique* du 23 avril 1898.
1898. *Contribution à la flore de l'Andorre :* ascensions au puig de Coma-Pedrosa (2946 m.) et au puig dels Pessons (2865 m.), par Hᵗᵉ Marcailhou-d'Aymèric (*Bull. de la Soc. Ramond*, 2ᵉ série, tome III, in-8°. Bagnères-de-Bigorre, imp. D. Bérot).(1).
1899. La *condition internationale de l'Andorre, Etude sur la situation actuelle des vallées d'Andorre et leurs rapports avec la France et la Mitre d'Urgel*, par A. Merignhac (Bulletin des Sciences économiques et sociales du *Comité des travaux historiques et scientifiques*. Ministère de l'Instruction publique, 1899). Paris, Impr. Nationale, brochure de 16 pages in-8°, 1900.
1899. *Les vallées d'Andorre*, par Jules Six (*Revue de Lille*).

(1) Reproduit après additions et corrections dans l'*Annuaire de l'Ariège* pour 1907.

1899. *Paysages andorrans*, par le vicomte J. d'Ussel. (*Revue des Pyrénées*, tome XI, pages 625-641.) in-8°. Toulouse, impr. Ed. Privat.

1900. *Retour d'Andorre*, par Dubédat (*Rev. des Pyrénées*, XII, p. 39-50).

1901. *Course dans le massif de l'Estanyo* (Andorre), par J. d'Ussel, dans l'*Annuaire du C.-A.-F.* In-8°, Paris, librairie Hachette.

1901. *Institutions politiques du val d'Andorre*, par Jules Six. — Lille.

* 1903 *La République d'Andorre*, par Kammerer, dans *La Revue* (ancienne *Revue des Revues*) n° du 1er janvier 1903, XIVe année, pages 83 à 91, in-8°. Paris, 12, avenue de l'Opéra.

* 1903 *L'Andorre : Une excursion aux vallées neutres. Le Pays, les Habitants, l'Etat politique et social*, par Marcel Monmarché, Rédacteur aux Guides Joanne — dans le *Mois littéraire et pittoresque*, n° 51, mars 1903, pages 323 à 345 ; avec 1 carte, 1 dessin et 20 photographies. Paris, imp. Féron-Vrau, rue Bayard n° 5, brochure de 27 pages in-8°.

1904. *Le val d'Andorre*. Aperçu géographique et historique. Voies d'accès de France en Andorre. Article non signé et publié aux pages 75 à 77 de *l'Ariège*, livret-guide illustré du Syndicat d'initiative. Brochure in-12, Foix, imp. Gadrat aîné.

1906. *Au val d'Andorre*, par Gaston Bonnery, p. 104 à 189 de ses *Souvenirs d'excursions*. In-12, Paris, H. Oudin éditeur, 24, rue de Condé.

1906. *Mon voyage en Andorre* (1894), par le Dr A. Marcailhou-d'Aymèric, publié aux pages 183 à 193 de l'*Annuaire de l'Ariège* pour 1906 (pages 159 à 169 de la brochure tirée à part). in-8°. Foix, imprimerie Pomiès.

1906. *La Constitution de l'Andorre. Les pouvoirs législatif et exécutif*, thèse pour le doctorat, par Auguste Teulière, licencié en droit. Foix, imp. Gadrat aîné, 184 p., in-8°.

1906. *Sur les glaciers pleistocènes dans les vallées d'Andorre et dans les hautes vallées espagnoles environnantes*, par Marcel Chevalier. (Comptes rendus de l'Acad. des Sciences, in-4°, 12 mars et 9 avril 1905). Paris, impr. Gauthier-Villars.

1906. *Les valls d'Andorra*, 1ra part : Del Segre a l'Ariège, à travers d'Andorra. Ab nombrosos itineraris d'excursions, fotogravats y una mapa, per S. Armet y Ricart, comte del Castella y de Carlet. 90 p. in-8° — Barcelona, tipografia « l'Avenç », ronda de l'Universitat, n° 20.

La deuxième partie, du même auteur, sera publiée prochainement et comprendra la configuration, le climat, la faune, la flore, la minéralogie, les usages et coutumes, l'histoire des vallées, etc, etc.

1906. *République d'Andorre*, article non signé, probablement rédigé par Chausson, proviseur du lycée de Foix, vice-consul d'Espagne et publié dans le *Grand Annuaire illustré de l'Ariège*, Toulouse, 1906, in-8°, pages 351-353 : 1° *Notice sur l'Andorre ;* 2° *Composition du tribunal suprême d'Andorre ;* 3° *Gérants des télégraphes en Andorre ;* 4° *Ecoles pour l'enseignement du français et cours de français.*

— 53 —

1906. *Le val d'Andorre*, avec 12 photos de l'auteur, par Germaine Bernheim Sée. (*Le Monde illustré*, n° 2567, 50ᵉ année, 9 juin 1906, pages 386-387.)

1906. *La vallée d'Andorre*, avec carte hydrographique et routière à 1/250.000ᵉ, photos, schémas d'itinéraires, etc, par Hᵗᵉ Marcailhou-d'Aymèric. Notice occupant les pages 54 à 61 du *Nouveau guide illustré d'Ax-les-Thermes et de ses environs*. Foix, imp. veuve Pomiès, format à l'italienne, 76 pages.

1906. *Trois journées dans la République d'Andorre* par Marc Ellen, article paru dans le *Petit Catalan* n° 138, 2 septembre 1906. Place Bardou-Job à Perpignan.

*1906. *La vie pastorale et la transhumance dans les vallées d'Andorre*, par Marcel Chevalier (*Revue des Pyrénées*, tome XVIII, 4ᵉ trimestre 1906, pages 604 à 618). In-8°, Toulouse, imp. Ed. Privat, éditeur.

Nous n'avons pu nous procurer l'année de publication de l'ouvrage suivant paru sur l'Andorre :

Historia de Andorra, per D. José-Maria de Riu y Fillart, de la Seu.

Nous avons marqué d'un astérisque* les documents fournis par M. Marcel Chevalier, préparateur à la Sorbonne, auquel nous offrons tous nos remerciements.

Nous serions reconnaissant à nos lecteurs de nous aider à combler les lacunes de cette bibliographie encore incomplète mais qui rendra cependant de réels services à tous ceux qui s'intéressent aux questions concernant la *Seigneurie d'Andorre* improprement appelée *République d'Andorre* et qui s'intitule simplement « *las Valls de Andorra* » dans les actes officiels !

Hᵗᵉ MARCAILHOU-D'AYMÉRIC.

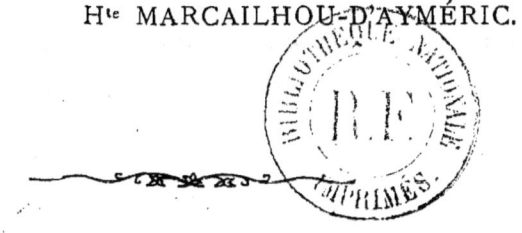

FOIX, IMPRIMERIE VEUVE POMIÈS.

Pour paraître, en 1908, dans l'*Annuaire de l'Ariège*

DU MÊME AUTEUR :

Guide Illustré de l'Andorre

SITUATION GÉOGRAPHIQUE — CONFIGURATION
APERÇU PHYSIQUE — CLIMAT — HISTOIRE — ORGANISATION POLITIQUE
MOEURS ET COUTUMES
MINES — EAUX MINÉRALES — MONUMENTS ET CURIOSITÉS, ETC.
EXCURSIONS ET ASCENSIONS

Pour paraître, en 1908, dans l'*Annuaire de l'Ariège*

DU MÊME AUTEUR :

Guide Illustré de l'Andorre

SITUATION GÉOGRAPHIQUE — CONFIGURATION
APERÇU PHYSIQUE — CLIMAT — HISTOIRE — ORGANISATION POLITIQUE
MOEURS ET COUTUMES
MINES — EAUX MINÉRALES — MONUMENTS ET CURIOSITÉS, ETC.
EXCURSIONS ET ASCENSIONS

www.ingramcontent.com/pod-product-compliance
Lightning Source LLC
LaVergne TN
LVHW021734080426
835510LV00010B/1252